国際線外資系CAが伝えたい自由へ飛び立つ翼の育て方

当機は
“自分らしい生き方”
へのノンストップ
直行便です

International
flight attendant
for foreign airline
wants to tell
HOW TO GROW
WINGS TO FLY
TO FREEDOM

関西なにわ育ち・カナダ10年目
Ryucrew

KADOKAWA

はじめに

小学校に上がる前から憧れを抱くようになった、フライトアテンダントという職業。その思いは年を重ねても変わることがなく、大学卒業後には、日本のLCCでその夢をかなえました。カナダ移住のため1年で退職してしまいましたが、空の上で働くことの大変さだけでなく、それ以上の楽しさや充実感を知った私は、カナダで再び飛行機で働くことを決意しました。その後、フライトアテンダント歴は10年になります。

本書は、なにわ生まれ・なにわ育ちで、大阪弁を母国語とする外資系フライトアテンダントの私・Ryucrewが、外資系航空会社でフライトアテンダントになるまでの経緯や、働くなかで遭遇した数々のエピソード、カルチャーショックなどについてご紹介しています。また、カナダでともに暮らすこととなった現在のパートナーとの出逢いや、カナダでの暮らし、海外旅行の豆知識、大阪で暮らすオカンのこと、コロナ禍に始めたYouTubeのことなど、プライベートについても触れています。

フライトアテンダントとして働きたいと思っている方、海外移住生活に興味のある方、海外旅行が好きな方、あるいはRyucrewというぽっと出の一般人YouTuberの生態が気になる物好きな方……少しでも多くの方に手に取っていただけたらうれしいです。

なお、本書のタイトルでは、私の職業の呼称を「CA《シーエー》＝キャビンアテンダント」としています。過去には男性客室乗務員をスチュワード、女性客室乗務員をスチュワーデスと呼んでいた時代もありました。1980年代には、訓練生が一人前のスチュワーデスになるまでの奮闘を描いたドラマ『スチュワーデス物語』が大ヒットしましたが、世界的に男女差別の是正が叫ばれるなかで徐々に使われなくなり、客室乗務員を意味するキャビンアテンダントという呼称に取って代わるようになりました。

YouTubeでも〝関西弁CA〟と名乗っていますが、CAというのは、実は和製英語。「カナダではCAとは言いませんよね?」とYouTubeでコメントをいただくことがありますが、日本ではCAという言葉が浸透しているため、日本語で話すときにはCAを使うようにしています。

私が現在暮らしている北米ではフライトアテンダントと呼ばれるのが一般的です。本文では、〝フライトアテンダント〟で統一しています(一部見出しに〝CA〟)。また、航空会社によってはキャビンクルーと言うこともあります、と初っ端からマニアックなウンチク披露でございました。

それでは皆さま、当機は間もなく離陸いたします。短い時間ではございますが、本書へのフライトをどうぞお楽しみください。

CONTENTS
［目次］

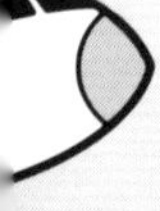

第2章 メンタル編 すり減る心、でも負けへんで!

第3章 トラベル編 現役CAが教える旅ハック

第4章 ライフ編 〝自分らしい生き方〟へのノンストップ直行便

第5章 ラブ&ピース編 自由へ飛び立つ翼

STAFF
装幀／菊池祐（ライラック）
装画／八重樫王明
漫画／せきの
DTP／G-clef
校正／鷗来堂
編集／森永祐子、佐々木健太朗（KADOKAWA）

＊掲載内容は本書執筆時 2024 年 2 月時点の情報であり、最新の情報と異なる場合があります。また、社会情勢の変化に伴って市場の動向は異なる場合があります。
＊掲載内容はあくまで著者個人の見解であり、必ずしも所属する組織や企業の意見を代表するものではありません。

第1章 ワーク編 CAはブルーカラー

Ryucrewの五か条

一、何でも最後は自分で決める

デメリットを聞いても、自分の信頼している大切な人に反対されたとしても、それでもやっぱりやりたい事なら自分の責任でやってみる。

成田拠点のLCC時代の一枚

昔も今も、基本スタンスは「息子は頑張ってんで、どや!」

私が飛行機で働きたいと思った理由のひとつに、海外への興味が大きかったことがあります。子どもの頃から『朝だ!生です旅サラダ』*(テレビ朝日系)や『世界ウルルン滞在記』*(TBS系)といった紀行番組を見るのが好きでした。さらに飛行機好きも高じて、海外に行きたいという気持ちが強くありました。

そのチャンスが訪れたのは、私が中学生のときのことです。

大阪府が主催している2週間のホームステイ体験を募集する案内が、学校で配布されました。ただ、その案内を見て「オカンに見せてお願いしよう」と思ったわけではありませんでした。私はすごく適当な性格なので、もらった案内を家には持ち帰ったものの、くしゃくしゃにした状態でポンと放っていました。

うちのオカンもまた、放置された手紙やチラシにいちいち目を通すタイプではないのですが、なぜかそのときはたまたま、くしゃくしゃになった案内を拾って見たようでした。

＊『朝だ!生です旅サラダ』
1993年よりテレビ朝日系列で毎週土曜朝に放送されている旅番組。1997年4月5日放送分からは、神田正輝が総合司会を務める。
＊『世界ウルルン滞在記』
1995年から2007年まで、TBS系列で放送されていたトークショーとクイズ番組を兼ねた世界紀行ドキュメンタリー番組。総合司会は"Mr.ウルルン"こと徳光和夫。

そして**「こんなんあるらしいで。アンタ、行けへん？」**と言うオカンに、私は「うん、行きたい」と返したのでした。

オカンは私が小さい頃から海外に興味があることを知っていましたから、そのときは軽い気持ちで切り出したみたいですが、まさか「行きたい」と言うとは思わなかったらしく、私の返事はとても意外なものだったようです。「そんなん言うと思わんかった」と驚いていました。でも、そういう思いがあるのなら、と「ほんなら行き」と快く送り出してくれました。

母ひとり子ひとりの母子家庭で、決して裕福だったわけでもないと思うのですが、人生初のホームステイ体験のために数十万円もの費用をさらっと出してくれたのは、ひとり息子に早く自立してもらいたいという母の思いもあったのかもしれません。

応募条件に学力は関係なく、英語力を確認するようなテストもなくて、希望者は参加することができたのですが、蓋を開けてみたら、参加した生徒はみんな英語を小さい頃から勉強しているとか、英語が得意な子ばかり。飛行機が好きで、海外に興味があるからという理由だけで参加したのは私くらいでしたが、そんなことはお構いなしで2週間、オーストラリアへ行きました。

ホームステイ先はオーストラリアのメルボルン*郊外で、ホストファミリーには私と同い年くらいの子を筆頭に4人の兄弟がいました。正直、言葉はまったくわからなかったし、ろくにしゃべれなかったのですが、同い年くらいの子や自分よりも年下の子とは、普通に友達のような感覚で接していました。今思うと、どうやってコミュニケーションを取ってたんやろ……と不思議なのですが、日本人が物珍しかったのか、自然と寄ってきてくれて、本当に楽しく過ごしました。

当時（2005年）はLINEもまだないですし、Skypeも浸透していなかったので、日本にいるオカンとの連絡手段といえば国際電話のみ。私がホームシックになるだろうからと、オカンは「これ持って行き」と、1万円分か2万円分の国際電話カードを持たせてくれたのですが、ホームシックになることもありませんでした。

電話をしようと思えばできましたが、私はむしろ**オカンに「息子は頑張ってんで、どや！」というところを見せたかった**のもあり、あえて電話しなかったことを覚えています。オーストラリアで充実した生活を送っている私をよそに、オカンは「あの子は電話もかけられへんくらい、まいってんねや」と、それはそれは心配していたようですが……。

このときの経験が、その後の海外留学への気持ちを強めると同時に、世界の空をつなぐ

＊メルボルン
オーストラリア第2の都市で、GDPの約4分の1を占めるビクトリア州の州都。大陸全土の約3%の面積に約670万人がひしめき合う。

飛行機で働くことへの憧れを増すきっかけとなりました。

オカンは昔からいい意味で放任主義*でした。

例えば、テストの点数が悪いと「親に叱られる……」と心配する友達がいる一方で、私はテストの結果で叱られたことは一度もありません。いつだったか、数学で3点という衝撃的な点数をとったこともあるのですが、オカンはそれを見てむしろ笑っていました（100点満点のテストです）。

また、私がやりたいと思ったことに対して反対したこともなく、むしろいつも応援してくれました。その代わり、**「やりたいならやったらええけど、なんかあったら自分で責任取らなあかんねんで」**ということは、小さい頃から言われ続けていました。私自身、ひとりっ子でなんでも自分で決めて取り組むことが多かったので、オカンもそういう私の性格を理解した上で「そんなにアホなことはせえへんやろ」と信じてくれていた部分もあったのだと思います。

今も、どんなに大きな決断も私自身でするのがポリシーです。家族や友達にはなんでも話しますが、たとえ反対されても、いくつデメリットを挙げられても、やりたいと思ったことはやってみる。今のところ、やって後悔したことは一度もありません。

＊放任主義
積極的な干渉や指導を避け、個人の行動に対して最小限の介入を行う考え方。

少年時代に芽生えた飛行機で働く夢をあきらめきれず、LCCに就職

思えば、私が生まれて初めて飛行機で働くことに興味を持ったのは、家族旅行でグアムへ行くのに、飛行機に乗ったときのことでした。まだ小学校にも行っていなかった頃だと記憶しています。

そのときの記憶で今も鮮明に覚えているのが、機内食で出てきたババロア*です。皆さん、ババロアってご存じですか？　あるいは召し上がったことはありますか？　私はいまだにババロアが何なのかよくわかっていないのですが、どうやらフランスを代表するプディング（日本でいうプリンですね）に似たお菓子らしいです。

そのときに**初めて食べたババロアは、もう「これ何やねん、めっちゃうまいやん！」の一言**でした。こんなにおいしいものが世の中にあるんや、と全身に衝撃が走りました。子ども心に、こんなにおいしいものを食べさせてくれるなんて、非日常を味わわせてくれるなんて、飛行機ってすごいと、まさかのババロアが飛行機好きになるきっかけとなったの

＊ババロア
17世紀のフランス・ブルゴーニュ地方で誕生したスイーツ。ゼラチンや寒天で固めたデザートで、ミルクや果物、シロップを混ぜた柔らかな食感。
＊オンタリオ
カナダの州のひとつであり、国内最大都市トロントを含む経済的に重要な地域。湖沼が多く、景観が美しいだけでなく、製造業や観光業が盛ん。

でした。まあ、ババロアを食べたのはそのときだけで、今のところ人生一度きりの体験だったんですけどね。

その後、そんな非日常の空間である飛行機で働いている人がいることを知り、「あの人たちカッコええなあ」と憧れるようになりました。

飛行機で働いている人で、男の子が憧れる職業といえば、普通はパイロットを思い浮かべるかもしれません。でも、私にとっては機内でテキパキと、けれども笑顔で乗客に接するフライトアテンダントが本当にかっこよく見えたのです。中学生の頃のオーストラリアでのホームステイ、そして大学時代のカナダ留学を経ても、フライトアテンダントという職業への憧れが失われることはありませんでした。

カナダ留学の期間は1年間で、修了後は帰国して日本の大学で必要な単位を取って卒業しなければなりませんでした。留学先はカナダのオンタリオ州*。州都・トロント*から、さらに飛行機で1時間の田舎にある提携校だったのですが、帰国するまでの2カ月間だけ、バンクーバー*に滞在することにしました。田舎で過ごした反動からか、都会でも生活してみたいという思いがありましたし、留学期間中にできなかったことはなんでもやってみようと、残りの海外生活を謳歌するつもりでした。

＊トロント
トロントは、カナダのオンタリオ州の州都であり、国内最大の都市。多文化都市として知られ、経済や文化の中心地であり、高層ビルや公園、美術館、劇場がある。
＊バンクーバー
カナダのブリティッシュコロンビア州に位置する都市で、海岸沿いに広がる美しい都市。自然の景観と都会の魅力が調和し、山や海、公園などがあり、住みやすさと観光名所としての魅力を兼ね備えている。

実は、その2カ月の間に、現在のカナダ人のパートナーと出逢いました（パートナーのことはまた別の項でお話しします）。私は学生ビザで来ている身ですし、帰国は決定事項。するとパートナーは、ワーキングホリデー*を利用して来日することを決めました。そして、私が大学を卒業するまでの1年間は京都で生活をともにしました。

カナダにはコモンロー*の制度があります。入籍していなくても、最低1年間は継続して同じところに住み、夫婦同然の間柄で生活しているカップルは、法的に家族として認められるのです。コモンローパートナーには結婚しているカップルとほぼ同じ権利が与えられ、カナダの永住権を申請することも可能です。そのため、私が大学を卒業したら、一緒にバンクーバーへ戻ろうと話していました。

ただ、私の心にはフライトアテンダントとして働きたいという思いがありました。しかしながら、留学経験があるとはいっても、英語力はそこまででもなく、しかも日本での就労経験もないままバンクーバーへ行ったところで、ワーキングホリデーのステータスでフライトアテンダントになるのは難しいもの。それに日本は、新卒しか採用しないという企業もあるほど、〝新卒〟であることに価値があります。

そうしたことも踏まえつつ、さらに当時は航空業界がそこまで冷え込んでいるときでも

＊ワーキングホリデー
若者が海外で観光と仕事を組み合わせるプログラムで、一定期間滞在し、現地で働きながら文化交流や経験を得る制度。
＊コモンロー
結婚せずとも結婚したカップルと同じ権利が与えられる制度。

なかったことから、これがラストチャンスと、4回生のときに航空会社に絞って就職活動をしました。

今でこそ、大手航空会社でも男性のフライトアテンダントを採用する時代になりましたが、当時は総合職で入社し、期間限定で客室乗務員として乗務する男性フライトアテンダントはほんの僅かしかいませんでした。そのため、私が客室乗務職を希望したとしても採用される可能性は限りなく低く、とても狭き門でした（もちろん今でも狭き門なことには変わりありませんが）。

そこで私は、客室乗務職以外に総合職にもエントリーし、航空会社で働くという夢をかなえようとしました。実際に、ある大手航空会社は総合職で最終面接までこぎつけたのですが、あと1歩及ばずで〝お祈りメール〟が届きました。

そのなかで1社だけ、成田空港にベースを置く、LCC*の客室乗務職で採用をもらうことができました（その会社には、当時既に男性フライトアテンダントが数名所属していました）。とても迷いましたが、フライトアテンダントはもともと就きたかった職業。私はパートナーに「1年で辞めるから挑戦させてほしい」と伝え、ついに憧れのフライトアテンダントとしてのスタートを切りました。

＊ LCC
ローコストキャリア（Low Cost Carrier）の頭文字の略。低価格の運賃で簡素化された航空輸送サービスを提供する格安航空会社のこと。

理想と現実のギャップに戸惑ったLCCのCAデビュー

念願かなって入社したLCCでしたが、素敵な制服を着て空港内を颯爽と歩き、機内ではスマートにサービスをする、小さい頃から憧れていたフライトアテンダントにいざ自分がなってみたら、理想と現実の間にはギャップしかありませんでした。

私が入社したのが日本に参入したばかりの外資系LCC（入社後、日本の大手航空会社の完全傘下となり、日系LCCとなりました）だったので余計にそう思えたのかもしれません。当時は、フライトアテンダントとして男性を採用するのは、国内ではLCCと大手以外の国内線航空会社のみで、採用実績があったのは数社だけでした。

従来の航空会社とLCCでは、フライトアテンダントの業務も少し異なります。例えば、**LCCは機内清掃もフライトアテンダントが行います**（大手航空会社は機内清掃スタッフが行う）。また、私が入社したLCCは成田空港にオフィスがあるといっても、その実態はプレハブのような建物で、空港のなかでも端っこにありました（そんなオフィスも、現在は立派なビルに入居しているそうです）。

1カ月半ほどの訓練を終えた後は、訓練フライトを経て、入社から半年を迎える頃には普通に乗務していました。働いたのはわずか1年だけでしたが、正直にいうとつらいことも多かったですね（苦笑）。国内線だけでなく国際線もありましたし、新卒だったからこそ1年間頑張れたのだと思います。

訓練は、当時は本当に大変だと思いましたが、現在の会社に比べれば、そこまででもなかったと思います。それは、日本語で訓練を受けることができたから。私は会社の寮で暮らしていましたが、訓練期間の1カ月半は毎日のように同期で集まって勉強し、自分の部屋に戻って短い睡眠をとったら、また出勤する日々を送っていました。

それに、日本の航空会社の場合はよほどのことがない限り、訓練の段階で辞めさせられることはありません。だからといって、訓練で手を抜くなどということはもちろんありませんでしたが、今の会社は研修をパスしない限りは現場に立つこともなく仕事がなくなってしまう（＝即解雇）という恐怖があったので、今振り返ってみると、成田拠点のＬＣＣ時代は割と落ち着いて訓練にも参加できていたのではないかなと思います。

私が入社したＬＣＣは設立したばかりだったこともあり、一緒に入社した同期には他の航空会社で乗務経験のある中途採用者もいました。同期だけどフライトアテンダントのキャリアは先輩、という方たちにいろいろと教えてもらいながら、なんとか乗り越えることができたと感じています。

ただ、私はあくまでもこの1年間で自分自身を納得させようと思っていました。フライトアテンダントはやりたかったことに違いないですし、**1年間でもとりあえず勤務していたという経歴は残りますから、それをもって「やり切ったということにしよう」**と。実際に1年間働いてみて、自分のなかで納得できたと思っていました。

パートナーと京都で1年間一緒に暮らしていたことから、日本で働いている間にカナダの永住権を申請していました。とはいえ、すぐに永住権が下りるかどうかはわからなかったので、LCCを退職したら、ワーキングホリデーを利用してバンクーバーに入り、現地で永住権が下りるのを待とうと考えていました。ところが、日本で働いている間に永住権が下りたため、退職後は永住権でバンクーバーへ渡りました。

バンクーバーでは、最初は日系の旅行会社に就職しました。社員はほぼ全員が日本人で、日本人のお客様に対応するので、仕事中は日本語でした。ただ、この仕事はいわゆるオフィスワークがメイン。1日中デスクに向かって仕事をすることに、すっかり気が滅入ってしまい、**「この仕事は、自分には向いていない」と痛感しました。**同時に、フライトアテンダントとしてはやり切ったと言い聞かせながらも、後ろ髪を引かれていた自分がいました。それでもう一度、フライトアテンダントを目指すことを決めました。

しかしながら、カナダの航空会社の多くは、カナダの市民権（国籍）を保有していることが採用条件になっています。今は変わっているかもしれませんが、当時、永住権で採用してくれるのは今の会社しかなく、カナダでフライトアテンダントになろうと思ったらこれが唯一のチャンス。しかもカナダでは、人が足りなくなると募集が出るのが基本で、新卒採用はないので、私はインターネットでその航空会社のホームページの求人をチェックするのが日課になっていました。

今の会社は国内にいくつかベースがあって、最初はトロントベースでの募集が出ました。バンクーバーから離れていますが、飛行機でも通勤はできますし、いざとなればトロントでひとり暮らしをする覚悟で応募しましたが、書類審査を通過できませんでした。しかし幸運なことに、その1カ月後にバンクーバーベースの募集が出て、今度は書類審査を通過。グループ面接、グループワーク、個人面接が1日で行われ、その後に行われた健康診断を経て、採用が決まったのでした。

航空会社によって違いはあるものの「安全第一」は万国共通

成田拠点のLCCで1年間、その後はカナダの航空会社で勤務している私ですが、日系と外資系では異なる点が多々あります。前項でも少し触れましたが、日本では新卒採用があるのに対して、**カナダでは基本的に新卒採用はなく、人が足りなくなると募集がかかる**というのも、そのひとつです。

また、日本では訓練の段階で辞めさせられることはあまりありませんが、カナダではたとえ採用試験をパスしたとしても、その後の訓練で、場合によっては同期の3分の1ほどが脱落することがあるのも大きな違いです。私が入社した会社の訓練期間は1カ月ほどでしたが、そこでは毎日のように試験があります。**分厚いマニュアルがあって、1回100ページ分くらいの範囲でテストが行われるのですが、3回、基準点を満たせなかったらアウト**といったルールが存在します。

緊急脱出などのような機内で行う実地訓練でも、リテイクは2回までとか、絶対にミスしてはいけない項目があって、そのミスをしてしまうと一発でアウトといったものもあります。アウトを宣告された人は、その時点で研修を切り上げ、帰らされます。「いやいや、そうは言ってもチャンスあるやろ」「実際の乗務で同じ失敗をせえへんように、ビビらせてるだけちゃう？」と思うかもしれませんが、本当に辞めさせられます。だからこそ訓練中の緊張感はハンパない。少なくとも「今日、訓練終わったら飲みに行こや！」などというような余裕は、私にはありませんでした。

しかも私の場合は、第1言語ではない英語で訓練を受けなければならず、間違いなく人生で一番勉強しましたし、最もつらかった1カ月間でした。これほどしんどいことはこれから先もないと思いますし、もし何かあったとしても、**このときの過酷さを思えば「なんとかなるやろ」と思えてしまいます。**毎日3時間睡眠で、訓練の最終週にはノロウイルスにかかりながらも頑張った結果、周りは全員、第1言語を英語とするカナダ人のなかで、訓練の総合成績で1位をとることができました。受験戦争や就職活動に免疫のある日本人の強さが発揮できたのではないかと勝手に思っています。

1カ月間の厳しい訓練、それも決して完璧とはいえない英語での訓練を乗り越えることができたのは、やっぱりフライトアテンダントとしてもう一度働きたいという強い思いがあったからだと思います。むしろその思いだけだったといっても過言ではありません。私は、興味のないことには3日坊主。興味がなくなったら、どうでもよくなってしまいます。反対に、自らやりたいと思ったことはとことん頑張れるタイプです。言い方を変えれば、あきらめが悪いです（笑）。

このときは、研修で脱落してしまったら、手に入れかけた憧れの職を失ってしまうことになります。そして、永住権で働ける唯一の航空会社でしたから、カナダでフライトアテンダントになるという選択肢も失ってしまうことになるので、特に必死だったのもあると思います。訓練を終えると修了式みたいなものがあるのですが、無事に終えることができた安堵感と、カルガリー*のホテルでの缶詰生活を終えてやっと自宅に帰れる解放感から、感情が溢れ出て号泣してしまいました。

そのほかにも、ひと昔前は、フライトアテンダントになるには高身長でなければいけないといわれていたことがありました。現在は、そうした身長制限は特に定められておらず、乗務に差し支えなければ、比較的小柄な方も活躍されています。

ただし、身長が高いほうがいいとされていたのは、決して見映えのよさだけではない部分もあります。安全点検のために、頭上の棚を開閉する必要がありますし、機内は狭いた

＊カルガリー
カナダのアルバータ州に位置する都市で、石油産業や牛肉加工業が盛んな都市であり、美しい自然や文化的なイベントで知られる。

め、非常事態のときに使う消火器などは、上方に格納されていることが多々あります。必要なときに必要なものをサッと取り出すには、高いところに手が届かなければならず、身長が高くてもアームリーチ、つまり腕が短ければ上方の荷物や扉に手が届きません。そのため、**外資系の航空会社では、身長ではなくアームリーチが210センチ前後であることを採用の目安としていることがあります。**

身だしなみの部分も航空会社によってさまざまです。日本は厳しくて、常にピシッとしている印象があるかもしれませんが、もちろん北米にもルールはあり、前髪は安全性の観点から目にかかってはいけないとか、アクセサリーのサイズ、爪の長さなどは決められています。制服の着用規定も厳しく、「これとこれを組み合わせたらアカン」「これだけで着たらアカン」といったものもあります。このあたりは日本と一緒かもしれませんね。

一方で**髪の毛は、例えばピンクや紫、緑のように、人種に関係なく絶対に自然に生えてこない色以外ならOK**なので、私のような黒髪の日本人でも金髪や茶髪はアリです。また、日本の場合は過度な日焼けはNGとしている会社もありますが、北米では肌の色に言及することがタブーとされているので、日焼けに関するルールもありません。

フライトアテンダントに大切なのはどこででも寝られるような鈍感力!?

フライトアテンダントというと、きれいな人が多く、言葉使いや所作も美しくて、誰もがなれるものではないというイメージが一部の方にはあるかもしれません。私自身、幼い頃に見たフライトアテンダントの姿に憧れを抱きましたし、私見ですが特にアジア系の航空会社は、「フライトアテンダントたるもの、こうでなければならない」といった社風や伝統があるのか、清潔感を含めた見た目を重視するところも多いかと思います。

でも、飛行機は移動手段のひとつにすぎません。長い距離を短時間で移動するために飛行機に乗るのであって、フライトアテンダントのサービスを受けることが目的ではないはずです。「よりよいサービスを受けられたほうがええやん」という方もいるかもしれませんが、そうだとしても見た目はあまり関係ないかなと私は思います。

私が乗客として日系の飛行機に乗ると、フライトアテンダントの方がとてもかしこまった対応をされるので、ついついこちらまで緊張してしまいます。それよりも友達のおばちゃんみたいな外資系のベテランクルーのほうが、サービスをするときにいい意味で気が抜けていて、私の場合はとても気楽に感じます（これはもちろん個人の感じ方によりますが）。

もちろん、**清潔感はあったほうがよいと思いますが、見た目の美しさやスタイルのよさが重要かといわれれば、決してそうではない**と感じます。それよりも、コミュニケーションをとるのがうまい人や、何か不安や心配なことがあるときに、安心感を与えてくれる人のほうが絶対にいいはずです。

そもそも北米には、日本やアジアのようなフライトアテンダントのイメージは、おそらくないと思います。ブルーカラー*の仕事と認識されることもあり、子どもたちが真っ先に挙げる憧れの職業ではありません。いろいろな国や都市へ行けるのが楽しいからフライトアテンダントになりたい、という人もいますが、家族との時間を大切にする文化が日本よりも根強い北米では、家を空ける時間が多い仕事を、そこまでやりたいとは思わないのかもしれません。

「フライトアテンダントの3大病」というのがあります。「腰痛」「不眠」、そしてもうひとつは、人によって言うことが異なるのですが、腰痛と不眠に関しては確実にツートップです。また、風邪や花粉症の時に乗務してしまうと航空性中耳炎という一度なるとやっか

＊ブルーカラー
肉体的な労働で衣服が汚れやすい業務に従事する労働者。20世紀初頭のアメリカで、オフィスワークをメインとした白いシャツを着用する「ホワイトカラー」と対比して生まれた概念。

いな病気にもなりやすいです。

フライトアテンダントは空の上が仕事場で、北米の場合は国内線でも時差があるため、自律神経が乱れがちな職業です。自律神経のバランスが不安定になると、寝つきが悪かったり、眠りが浅かったり、睡眠の質が低下しやすいといわれています。

このことからも、**この仕事に向いているのは、実はどこででも寝られる人**だと私は思っています。どこででも寝られる人は、環境が変わっても別に関係なく、細かいこともいちいち気になりません。ある意味、鈍感力の極みです。仕事ができるかどうかはまた別の話ですが、そういう人のほうがストレスやプレッシャーを受け流すことができるはずですし、仕事も長続きするのではないかと思います。

ちょっと話がそれますが、フライトアテンダントが学生時代にしていたアルバイトでダントツの1位に違いない！というくらいに多いのが、スターバックスです。これは日本だけでなく、海外の航空会社もそう。日本人だと、海外志向の強い人はスタバで働く傾向も強いのではないかと思います。

スタバには、決まった接客マニュアルがあるわけではなく、スタッフ（スタバでは従業員のことを〝パートナー〟と呼びます）がお客様と自由に会話をして、積極的にコミュニ

＊ショーアップ
クルーが乗務する便のゲートに着いて、仕事を始めること。

ケーションをとることを大切にしています。そうしたやりとりは、社会人になったときにとても生きてくる気がします。

私も大学時代に日本のスタバで働いていました。カナダ留学中には、アポなしでスタバへ突撃し、「無給でいいので働かせてください！」とお願いしたこともあります。ただ、当時は学生ビザで入国していたので、無給でいいと言っても、何かあったときに保障できないという理由で断られました。あきらめきれず、その後、ローカルの小さなカフェで、ボランティアという形でバリスタを経験させていただきました。ちなみにこの話、私の就職活動の面接の鉄板エピソードでした。

それにフライトアテンダントは本当にスタバ好き！　北米の航空会社のフライトアテンダントは、大体スタバを飲んでいます。今でこそ買わなくなりましたが、私も、別に飲みたいわけでもないのにスタバを飲んでいた時期がありました。仕事前に必ず空港のスタバに寄って、カップを片手にゲートにショーアップ*するのがお決まりです。深夜便に乗務の際、ステイ*先のホテルや空港のスタバが既に閉まっているときには、「空港からホテルに向かう道中で、まだ開いてるスタバがあったら寄って！」とクルーシャトル*の運転手さんにお願いするパイロットやフライトアテンダントもいるほどです。

＊ステイ
クルーが乗務先で宿泊すること。
＊クルーシャトル
乗務員が空港と航空会社の施設やホテルなどの間を往復する専用車両。

シフト＝ペアリングは争奪戦！原則、ベテランほど希望が通りやすい

勤務のシフト（私の会社ではペアリングと呼んでいます）に関しては、各自が毎月希望を提出し、それをもとに会社が組みます。「この日に乗務したい」「この日は休みたい」「行き先はここにしたい」「朝の便はイヤ、夜の便だけがいい」など、リクエストは十人十色でさまざまな選択肢があります。

私の場合は、就航地や「このフライトがいい」という希望を出して、それに組み合わせて休みの希望を入れることが多いですね。なお、ペアリングの希望は、シニオリティ＊といって、勤続年数が長い人ほど通りやすく、勤続年数の短い人はなかなか通らないという仕組みになっています。

月に13日間は必ず休みが設定されるので、それ以外はフライトが入る可能性がありますが、実際の勤務日数はフライトによります。1カ月のフライト時間は大体80時間。フライト時間というのは勤務時間ではなく、飛行機のドアが閉まってから開くまでの時間で、そ

＊シニオリティ
先任権。労働条件を決定する際に、その企業に先に就職した、勤続年数の長い従業員が、後から就職した人よりも有利な扱いを受けられる権利のこと。

れが80時間になるようにスケジュールされるというわけです。ドアがまだ閉まっていない搭乗中などはフライト時間に含まれません。そのため、フライト時間の長い長距離路線なら、月あたりの休みは13日より多くなることもあります。反対に、1回当たりのフライト時間が稼げない便だと、月のお休みは規定の13日間だけで、そのほかはフライトが入ります。

オフは月13日間ですから、単純計算で週休3日。ただし、オフに規則性はありません。週3日は休みがあるわけではなく、乗務が連続することもあります。コンピューターシステムを使ってスケジュールを作成するため、バランスよく休みが入っているときもあれば、「ウソやん……」と思うような極端なシフトのときもあります。よくあるのは、月の前半にフライトがバーッと入って、後半はスカスカ、というケースです。

希望を提出して会社からスケジュールが出たら、希望が通っていたり通っていなかったりするのですが、それをフライトアテンダント間で交換することができます。あるいは当事者同士で交換するのではなく、回避したいペアリングがあれば落とす（誰かに譲る）ことができますし、誰かが落としたペアリングに自分の希望するものがあれば、それをもらうこともできます。

スケジュール交換は争奪戦。まるでゲームのように「これを交換して、空いたところにこれが欲しいな……」というようにスケジュールを埋めていきます。知り合いのクルーにメッセージを送って裏で交渉するツワモノも。みんな、ものすごい勢いで交換するので、会社が提示したスケジュールがその日のうちにガラッと変わることもよくあります。毎月21日にスケジュールが出るのですが、その日はスケジュール調整をするために休みをとるという人もいるほどです。

時には、ペアリングされたフライトアテンダントが一緒に働きたくない人だからという理由で落とすこともあります。

日系の航空会社の場合はチームが編成されていることもあるみたいですが、私の会社は、直属の上司という人はいますが、その上司が抱えるクルーでチームを組んで働くということはありません。所属するクルーがとても多く、管理するために上司がいるという感じなので、ペアリングはランダムに行われるのです。

誰と一緒に働くかは、結構重要。長いときには5～6日間ほど、毎日一緒に働くようなペアリングもありますので。これが長距離路線であれば、例えばカルガリーから成田に飛んだ後、72時間（3日間）のステイを経て、またカルガリーまで帰るというスケジュールもあります。日数的には5日間ですが、フライト時間は片道9～10時間ほど。つまり、気が合わない相手でもフライトの時間さえ一緒に仕事をすればよいだけなので、むしろラッキー。しんどいのは、同じ5日間でも、国内線を5日間毎日飛ぶようなケースです。シニオリティの最下層にある新人の頃は、そんなペアリングばかりでした。フライトの回数が多いので、勉強にはなるんですけどね。

私は、今は国際線に乗ることのほうが多いです。基本的には家にいる時間をつくりたいので、1回の勤務でフライト時間を稼ごうと、そういう希望を出しています。行き先はどこでも構わないですし、ステイなしの日帰りでもOK。ただ、日帰り便はとても人気で、ママ・パパさんや小さいお子さんのいる人が希望することが多く、なかなか取りにくいというのはあります。

ちなみに、カルガリー〜成田線が就航したときは、ネイティブの日本人は私を含め数名しかいなかったので、初便はありがたいことに声を掛けてもらいました。ただしその後は、私が優先的に成田路線にペアリングされるということはありません。**人気の長距離路線なので、シニオリティの低いクルーが優先されるのは、ユニオン*が許さない**のです。そのため今のところは、スケジュールが出たときに交換してもらったり、落としている人もいるので、それをもらったりすることで、成田便に乗務しています。

＊ユニオン
労働者が組織し、労働条件や賃金などの労働者の権利や福利厚生を守るための組合組織のこと。

年齢や勤続年数よりも、性格が影響する北米フライトアテンダントの人間関係

日本にいると、上司と部下、先輩と後輩のような上下関係は、切っても切れないものかもしれませんが、北米にはほぼありません。ペアリングのところでもお話ししたように、シニオリティというものがあって、勤務スケジュールの希望は勤続年数の長さが明確に反映されます。ただ、1年目のクルーが私より20歳上なんていうことが普通にあるほど、年齢もバラバラ、勤続年数もバラバラ。しかもペアリングされるメンバーは頻繁に変わるので、どちらが先輩だ、後輩だ、という感覚がないのです。

しいていえば、**性格がキツい人か、弱い人かでポジションが決まる**くらいでしょうか。性格のキツい人がいると、周りも言い合いになるのを避けるために、「その人に合わせよか」という空気になりがちです。逆にそういう人が2人いたら、現場はカオスです。

勤続年数やキャリアの長さから、いわゆる〝先輩風〟を吹かす人もいますが、後輩も後輩で、日本人がイメージするような感じではありません。たとえ勤続年数が短かったとし

ても、気の強い後輩なら、言われたことがおかしいと思ったら普通に言い返します。年齢やキャリアの差に対して必要以上に、変な気を使わずに済むという点では、働きやすいといえるかもしれません。

上下関係がなさすぎて驚かされることもあります。

フライト先でステイする際、ホテルの部屋は同じフロアにまとまっていることもあれば、いくつかのフロアに分かれることもあります。部屋のグレードがバラバラで、「この部屋は角部屋で、ジュニアスイートになっています」というようなときもあります。部屋のランクが明らかに違う場合、どうせならいい部屋のほうがいいですし、低層階と高層階だったら、上のほうがいいですよね？

そんなとき、日本だったらきっと「先輩から、お先にどうぞ」と、年上から先に選んでいくことが多いのではないかと思います。私も、入社してしばらくは「最後でええよ」と、いつも残った部屋を選んでいました。

北米は違います。今は、使用機材（航空機）が大きいときはフライトアテンダントの人数も多いのでキャビンマネージャー*が一括してチェックインするのですが、昔や、今でも小型機を使用して乗務するフライトアテンダントの人数が少ないときには、各自でチェッ

＊キャビンマネージャー
機内サービスや乗務員の管理を担当する役職。搭乗手続きや機内サービスの円滑な運営を確認し、乗客の快適さと安全を確保する。

クインします。そのため、入ったばかりの新人が「ラッキー、この部屋もーらい！」と、真っ先にグレードの高い部屋や高層階の部屋をとることが普通にあります。でも、悪気はまったくないのですよね。その場にいる先輩クルーのなかには、イラッとする人もいると思いますし、実際にチクリと言うこともありますが、部屋を交換することはありません。

余計な気を使わない人間関係はラクに思えますが、完璧主義の人はきっとイライラすると思います。なぜなら、仕事の手を抜く人が少なくないから。いつまでもしゃべっていて、なかなかサービスに行かない人もいます。そうすると、完璧主義で真面目な人が、みんなのやらないことを一手に引き受けてしまいがちになるのです。

私も最初は「サービスにも行かんとしゃべって、何してんの？」と、イライラしてはストレスをためていました。今は「自分ひとりで完璧なフライトを目指すのは無理」と、いい意味で悟りを開くようになりました。他のフライトアテンダントがおしゃべりをしていたら、おしゃべりが終わるのを待つか、あまりにひどいときは一言「はよ、行くで」と言い放ちます。お待たせしているお客様には本当に申し訳ないのですが……。ひとりでカート*を出してサービスに行くこともありました。時には、

やっぱりフライトアテンダントにとっては、行き先よりも、誰と一緒に働くかが重要。

＊カート
機内で提供する食事やドリンクの移動、保管、提供に使用されるミールカート。サイズや、搭載する食事やドリンクの量にもよるが、最大150キログラムほどになることもある。

これはみんなが口をそろえて言うことです。大好きなハワイ路線に乗ることより、たとえ国内線のしんどいフライトでも、仲良しの同僚と一緒に働けるほうがいい。たまに遭遇する要注意人物や、過去に一緒に飛んでイヤな思いをした人と一緒だと少しヒヤッとします。

ステイ先では、ペアリングされた同僚と一緒に食事に行くこともあります。ただ、よくあるのが「行こう、行こう」と誰よりも盛り上がっていたはずの人に限って来ないパターン。これ、めっちゃありますよ！　日本ではあまりないですよね？

「○時にここ集合な」と言われ、本音ではゆっくりしたいのですが、「そない言うなら行こか」と重い腰をあげたら、言い出しっぺが来ていない。なんでやねん！

だからといって、その人をとがめることはしません。「行く気満々やったけど横になったら疲れが出て、明日のフライトもあるから……」と言われたら、責められません。

裏を返せば、日本ほど付き合いを大事にすることは、あまりないといえます。食事に誘われて「今日はやめとくわ」と断っても、「ちょっとゴハン食べるだけやし、行こうよ！」とゴリ押ししてくる人はいますが、最終的には「オッケー、ゆっくり休んで」で終わります。後腐れもありません。よくも悪くもマイペースなのです。

お客様の安全を守るためにも必須の訓練
日本での経験がむちゃくちゃ生きてます

フライトアテンダントは年に1回、乗務員資格更新訓練*を受けることが必須となっています。これを**パスできないと向こう1年間は乗務することができず、解雇という恐ろしい現実が待ち構えているので、とても重要かつ絶対にパスしなければなりません。**乗務員資格更新訓練は、各国の航空局などによって厳しく定められているかと思います。

私の会社で行われる資格更新訓練は、以前は3〜4日間にわたるものでしたが、コロナ禍以降は座学の内容がオンラインで受けられるようになったことで、実技訓練のみを1日で終えるようになりました。

安全に関する訓練であれば、緊急着陸や緊急着水をすることになったときの脱出の手順や救命ボートの使い方、機内で火災が発生したときの対処法、急減圧（空気が機外へ流出して機内の気圧が減少してしまうこと）が起こったときの対処法、機内で急病人が発生したときの応急処置ということで、AED*の使用方法やCPR（心肺蘇生法）の手順などに

＊乗務員資格更新訓練
航空会社の乗務員が定期的に受ける訓練で、安全基準や最新の規制、業界の動向に関する知識を更新し、技術や対応力を向上させるためのプログラムのこと。
＊AED
AED（自動体外式除細動器）は、心臓の停止や不整脈に対処するための医療機器で、心臓に電気ショックを提供し、正常なリズムを回復させる装置。

ついて実技が行われ、最終的に審査を受けて合否が決定します。年1回の必須訓練なので、私もこれまでに何度も受けているのですが、毎年のように内容がアップデートされているため、訓練を受けるときはいつも緊張します。

実技は、モックアップ*という施設で訓練が行われます。例えば機内で火災が発生した場合を想定した訓練では、体に害のない煙が実際に出てきます。その煙に対して消火器を使ったり、他のフライトアテンダントと連携したりして消火活動にあたります。その様子は終始、教官がチェックしています。

あるいは緊急脱出を行う場合、緊急着陸してから脱出用の扉を開けるまでの時間が計測され、航空局が定めている基準時間内に行えなければ、不合格ということになります。また、緊急時にお客様にわかりやすく、簡潔に指示を伝えるための文言（コマンド）が正しく使えているか、といったこともチェックされます。

乗務員資格更新訓練のほかに、新しい機材が導入される際に行われるものや、サービス向上のために行われるものなど、さまざまな訓練があります。ちなみに、訓練に参加するときの服装は、数年前までは制服着用が必須でしたが、現在、私の会社では私服での参加が可能になっています。

＊モックアップ
客室乗務員が非常脱出や機内サービスの訓練に使う、飛行機の“模型”のこと。本物の飛行機部品を搭載している。

実技を行う訓練センターはカルガリーにあります。自宅のあるバンクーバーからカルガリーまでは、飛行機で移動。約1時間のフライトです。訓練は、その内容をきちんと把握しているという前提で進むので、カルガリーに向かう機内やステイ先のホテルでは事前学習や復習が欠かせません。私の場合は、母国語ではない英語で訓練を受けなければならないという、他の同僚にはないハンデもあります。

その点でいうと、たった1年間とはいえ、日本のLCCでの乗務を経験していたことが、ものすごく役に立っています。今の会社で働くために、あの1年間があったのではないかと思えるくらいです。

なぜなら、日本語ではありますが、航空業界で使われる専門用語や機内設備などが理解できていたからです。

応急処置の研修だと、病気の名前などのように日本語で聞いてもよくわからない言葉がたくさん出てきます。それを知らずに今の会社に入っていたら、ただでさえよくわからない飛行機の基礎知識を、英語で1から学ばなければならなかったので、今以上に大変だったはずです。語学に支障のないカナダ人の同僚でも、新人の頃はイメージがつかめずに四苦八苦していることが結構あるくらいですから、そのあたりの知識が先に入っていたのは本当によかったです。

訓練期間中、私のちょっとした息抜きは、その日食べたい日本食を食べることです。ステイ先のホテルも訓練センターも、カルガリー国際空港のすぐそばにあるため、バンクーバーの自宅近くにある日本食スーパーで調達して持ち込むことが多いです。

もちろん、現地に食事をする環境がないというわけではありません。

訓練センターの横に本社があり、本社のなかにはカフェテリアや売店、スターバックスなども入っています。そこでランチをとってからトレーニングに行くこともあるのですが、ごくたまに、訓練が土日に入ることもあります。そうすると、土日は本社内のお店はすべてお休みなので、途端にランチ難民になってしまいます（といっても、近くにレストランもありますし、ホテルのルームサービスを利用することもできます）。

訓練に参加する同僚と一緒に、ピザのデリバリーやＵｂｅｒ Ｅａｔｓを頼んだりしたこともあったのですが、訓練期間中はできるだけ予習・復習の時間を確保したいですし、ひとりで割高なＵｂｅｒ Ｅａｔｓを頼むのもイヤなので、私はあらかじめ準備してステイ先のホテルに持ち込みます。ホテルで過ごす時間が、厳しい訓練の合間のリラックスタイムになっています。

実は重要なスタンバイ業務
スマホ片手に過ごす時間は落ち着けません

フライトアテンダントの仕事のひとつに、〝スタンバイ〟というものがあります。

飛行機に乗務するフライトアテンダントの人数は決まっていて、１人でも少ないと飛ぶことができません。**スタンバイとは、急な欠勤などで飛行機を飛ばすために必要なフライトアテンダントの人数が不足してしまった場合に、代わりに乗務できるよう自宅や空港で待機すること**です。フライトに穴を開けるわけにはいきませんから、常に結構な数のフライトアテンダントがスタンバイしています。

なお、いつ連絡がきても準備できている状態にしておかなければならないので、スタンバイはあくまでも仕事。休日とは別ものです。

スタンバイ中に会社から電話があったら、すぐに取るか、15分以内にかけ直すのがルール。いつ電話がかかってくるかわからないので、スマホの音量をＭＡＸにして、ドキドキしながら待機しています。

スタンバイ中は電話を取れさえすればいいので、割と自由に過ごすことができます。ただし、呼ばれたときに出勤の準備をして、指定された時間までに空港のゲートに行かなければなりません。私は比較的、空港の近くに住んでいることもあるので、最近は自宅スタンバイ中にカフェや買い物に出ることもあります。家にいても電話が気になって、落ち着かないですからね。

スタンバイ中に、電話がかかってこないことももちろんありますし、早いと早朝3時に電話が鳴ることもあります。朝一の便が6時頃なので、もし朝一のフライトに呼ばれた場合には、5時までに空港のゲートへ行かなければなりません。

スタンバイ業務は12時間。早朝3時からスタンバイしている場合は、15時でその日のスタンバイは終了ということになります。

自宅スタンバイのほかに、空港スタンバイというケースもあります。これは文字通り、いつでも乗務できる準備をした上で、空港で待機することです。空港スタンバイは、フライト直前に搭乗予定だったフライトアテンダントの欠勤や乗務不可という事態が起こった場合の、最後の砦《とりで》のような存在です。

例えば、早朝3時に「朝6時から10時まで、空港でスタンバイしてください」と電話がかかってくることがあります。この場合、朝10時までに呼ばれなければ帰宅することができますが、朝はフライトがとても多いので、正午までの出発便には呼ばれる可能性があります。

空港でスタンバイする場合、空港内のクルールームで過ごすケースが多いのですが、人の出入りが頻繁にあって落ち着かないため、私は空港内を歩いたり、フードコートの人が少ないエリアでＹｏｕＴｕｂｅの動画編集をしたり、ＹｏｕＴｕｂｅで日本の方の動画を見たりしながら過ごします。

スタンバイ期間が４日間の場合、初日に呼ばれると、最長で（スタンバイ期間の）４日間のフライトトリップ*が入る可能性もあります。そのため、初日に呼ばれたときのために４日間分の荷物を用意しておきます。そういうときもあれば、４日間のスタンバイで３日目までは連絡がなく、「今回は、出勤はないかもしれへんな」と思った４日目に電話がかかってきて、日帰りの便に乗務するということもあります。

空港スタンバイをしているときに、乗務の依頼ではなく、「ボーディング（搭乗）のアシストをしてほしい」という連絡が来ることもあります。それは、ほかの空港から乗務してくるフライトアテンダントが、飛行機の遅延で到着が遅れてしまうことで発生します。

＊フライトトリップ
日帰りではなく、ステイを含む乗務。現地滞在期間は行先などによってケースバイケース。

お客様に飛行機に搭乗していただく際には、機内に規定数のフライトアテンダントがいなければならないので、到着が遅れるフライトアテンダントの代わりにプリフライトチェック*やお客様の搭乗案内を行います。遅れていたフライトアテンダントが到着したら、バトンタッチします。

スタンバイ業務中にかかってきた「乗務できますか？」というオファーの電話は、断ることもできます。電話は勤続年数の長いフライトアテンダントから順番にかかってきます。そのため、シニオリティの高い人は、乗務したくなければ「パス」と言うことができるのです。

たまにいい便が回ってくることもあって、例えばハワイ便往復のオファーなら、深夜便でも飛びたいという人はいますから、そういうときは早々に代わりが見つかりやすいものです。

一方、シニオリティが下のほうのフライトアテンダントは、さらに自分より勤続年数が短い人がいなければ断ることができず、オファーを受けなければなりません。あまり魅力的ではない便だと、みんながパスしていくので、最後の人が取らざるを得ず、貧乏くじを引くこともあります。

＊プリフライトチェック
乗務する機材に問題がないか、搭載品はそろっているか、機内に危険物が残されていないか、などを確認する作業。

フライトの合間のステイを楽しむ
北米クルーの人気ナンバーワンはあのお店

日帰りで完結する乗務と、フライト先で現地に滞在した後に戻ってくる乗務があります。ステイ先の滞在時間はバラバラ。15時間しかないというときもあれば、48時間や72時間というときもあります。

ステイ先での過ごし方は、本当に人それぞれです。海によく行く人なら、ビーチに持って行って敷けるようなシートや小さなイスを、いつもスーツケースに入れていますし、スケートボードやローラーブレードを持ってくるという人もいました。以前、サーフボードを持ち込んでいるパイロットがいたときにはビックリしました。どこまで自由やねん。でも、サーフボードはさすがに基本ＮＧです。

世界のどこに行っても北米のフライトアテンダントに一番人気なのが、コストコです。国や都市によって置いてある商品がちょっと違うらしく、ステイ先でやることがないときは、とにかくコストコ。私はステイ先であまり積極的に出かけるタイプではないので、実はあまり興味がないのですが、みんなコストコに行きます。

あとはＮｅｔｆｌｉｘ。これはもう、全世界共通の娯楽ですね。どこでも視聴可能なので、特に話題の作品はみんな大体見ていて、「あれ見たで」「これ見たわ」とＮｅｔｆｌｉｘの話をよくしています。

ちなみに、Ｎｅｔｆｌｉｘでは日本のドラマやドキュメンタリー以外ほぼ見ません（笑）。コストコ行かへんかったら、Ｎｅｔｆｌｉｘも見いへんのかい！って話ですよね、すみません。

私は完全なるＹｏｕＴｕｂｅ派です。英語のコミュニケーションが続いて疲れ切っているので、ひとりで過ごせるステイ先では、入ってくる情報をあえて完全に日本語にしています。

現地のテレビはほぼ見ませんし、フライトの合間に読むのも日本語の本ばかり。それが一番落ち着くんです。

そのほかに、私がステイ先にいつも持って行くものといえば、水着ですね。あとは日本の入浴剤。滞在先のホテルでグレードのいい部屋に当たると、バスルームとは別に、バスタブやジャグジーが備え付けられていることがあるので、そういうときには入浴剤を入れてバスタイムを楽しみます。普段はシャワーと一緒になっていることが多いので、ほんの少し潔癖症の私としてはなんとなく気持ち悪くて浴槽にはつかりません。

ステイ先でどこのホテルに泊まるのかは、あらかじめわかっています。何回に1回かは、変更になることがありますけどね。ただ、どの部屋になるのかはわからないので、あらかじめホテルの情報だけ入れておき、ジムやプールなどの有無やサービス内容によって持って行くものを決めることもあります。

先ほど記した通り、私はステイ先でアクティブに出かけることはしないタイプです。初めて訪れるところであれば、観光したり、街を歩いたりする気にもなるのですが、既に訪れたことのある国や都市に滞在するときは、どちらかといえばホテルでゴロゴロしていることのほうが多いです。**せっかくハワイに行っても、全然外に出ないということも普通にあります。**

今はYouTubeを始めたおかげで、せっかくなら視聴してくださっている皆さんに何か共有することができれば、と思うようになり、時間があると「ちょっと観光してみよか」「あそこ最近話題やし、行ってみよか」と出かけるようになりましたが、YouTubeを始めるまでは、本当に引きこもりでした。これといった趣味もないですし……。なので、ステイ先で出かけることは以前に比べれば増えたのですが、根は完全なインドア派です。

でも、私のほかにもそういうフライトアテンダントは意外に多いのではないかと思います。というのも、**仕事で滞在していると、楽しみ切れないのですよね。**帰りのフライトが控えているので、羽を伸ばしすぎて体調を崩してしまったり、ケガをしてしまったりしたらいけないという思いは、どうしても常に頭のどこかに引っかかっています。かえって疲れをためてしまったらどうしようとか、寝られなかったら乗務に差し支えるかなと考えてしまうのです。

あわせて、フライト前には注意しておかなければならないこともあります。

例えば、飲酒については、乗務前12時間は飲んではいけません。それから、意外なところでは、スキューバダイビングのように海の深くに潜ることも、気圧の変化が大きすぎることで乗務に支障を来してしまう恐れがあるため、乗務前24時間は禁止とされています。ですから、ハワイでステイしたとしても、マリンアクティビティを楽しめないという部分が実はあるのです。

まあ、インドア派の私には無縁ですけど。

(1)

カルチャーショック

作：せきの

第2章 メンタル編 すり減る心、でも負けへんで！

Ryucrewの五か条

二、“いつでもチャンスがある”とは限らない

会いたい人、行きたい場所、食べたいもの、いつでもできると思わず行動する。明日も来年も、それができるという保証はどこにもありません。

オカンが初めて私の乗務便に搭乗した時（撮影：オカン）

言い返せずに悔しい思いをした新人時代の理不尽な出来事

上司や先輩から理不尽に叱られた経験のある人はいらっしゃるでしょうか。

「なんで？」と思ったこと、私は何度かあります。

これは、日本のＬＣＣで働いていたときのことです。その便には４人のフライトアテンダントが乗務して、機内の前方と後方に、２名ずつに分かれて仕事をしていました。私は後方を担当していたのですが、前方を担当していたクルーの人が、割と大きなミスをしてしまいました。私は機内の後方にいたので、現場を目撃しておらず、後になってミスが起こったことを知ったため、何も対応することができませんでした。

フライトから戻ってきた後は、オフィスに全員で集まって、デブリーフィング*を行います。そこで、機内で起こったミスの話になり、当事者のフライトアテンダントが「なんでそんなことになったんだ」と、厳しく問い詰められていました。私はその状況を見ていませんし、何が起きたのかもわかっていなかったので、黙ってその場にいたところ、**急に「あ**

＊デブリーフィング
業務後に行う報告会、反省会。業務前に行うものはブリーフィングという。
＊ OJT
on the job training の略。客室乗務員の場合、実際のフライトで行う機上訓練のこと。

んた、なんで『俺は関係ない』みたいな顔してんねん」と怒鳴られてしまいました。いや、ホンマは大阪弁ちゃいましたけどね。

そんな感じで急に矛先が私に向いたので、ビックリして「ええ〜っ」という感じでした。別にそっぽを向いていたわけでも、めんどくさそうな顔をしているつもりもなかったのですが、あまりに急な出来事で、その場ではもちろん平謝りすることしかできず……。「それなら、常にどんな顔しとったらええねん」「もっとわかりやすく、申し訳なさそうな顔しなアカンかったんかな？」と新卒の私にとって社会人の難しさを痛感した瞬間でもありました。

今の会社でも少しトラウマになった出来事がありました。それは入社して、研修やOJT*もすべて終わった後、半年間はプロベーション*になります。めったにないのですが、その間に重大なミスをしたり、仕事ぶりや人柄に関してすこぶる評判が悪かったりすると、会社はその社員を解雇することができます。そしてその半年間のプロベーションを無事クリアできれば、晴れて正社員になれるのです。

その頃に、カナダ人の背の高い50代くらいの女性ベテランクルーと、もう1人と、私の3人で乗務することがあり、私がパーサー*ポジションでした。プロベーションの期間中は

＊プロベーション
新入りの乗務員が一定期間、訓練や評価を受け、正式な乗務員としての能力を確認される試用期間のこと。
＊パーサー
フライトアテンダントを統率する責任者。チーフパーサーともいう。

パーサーポジションを経験しなければならず、機内アナウンスなども担います。私は緊張していましたし、英語のアクセントにも自信がなく、アナウンスを読むのに、ところどころ詰まってしまいました。

それが気に食わなかったのか、ベテランクルーに**「さっきのアナウンスやけど、何言ってるか、全然わからんかったわ」**と言われてしまいました。私が反省しながらとっさに「日本から来てまだ1年ちょっとで…。数回しかパーサーポジションやったことないのもあって、緊張してました。すみません」と返すと、「ふーん。あっそう」というような反応でした。それ以降、どことなくチクチクと、威圧的な感じで私に接してきました。

例えば、次便に向けたブリーフィング*で、キャプテン（機長）も含めてみんなが集まっているときに、私がとても単純なことを発言したのですが、彼女は一言、「Ｐａｒｄｏｎ？（は？何て言ったの？）」。聞こえているはずですし、単純な言葉だからわかるはずなのですが、「何言ってるかわからへん」というリアクションをされてしまいました。しかし私の言ったことは、パイロットや他のクルーには正確に伝わっていて、そのうちのひとりが彼女に対して「いやいや、彼は今こう言うたやん」と私が言ったことを繰り返して言ってくれたところ、とても白々しく「あぁ、そうやって言ってたん」と。そのときは悲しいの

＊ブリーフィング
パイロットや乗務員が飛行前に行う、飛行計画や安全手順に関する会議や説明のこと。

と悔しいのとで、家に帰ってオカンに電話で話しながら悔し泣きをしてしまいました。もしかすると、その時の私の感受性が強すぎたのかもしれませんし、彼女も私を傷つける意図でそういう対応を私にしたわけではなかったのかもしれません。けれども、なんせその当時の私はこのフライトで起きたことで自分に自信をなくし、しばらくの間、英語恐怖症になってしまいました（今はもちろん昔話として話せるほどに、傷は癒えていますが）。

今なら絶対、本人に直接「そんな言い方することないやん？　今の言い方、めちゃ傷ついたで」と伝えると思いますし、社内には何かあったときに相談できるホットラインもあるのですが、当時はプロベーションでしたし、言いくるめられるのではないかとか、むしろ「この新人はクルーとして大丈夫か」「あの英語ではわからないと思う」などと報告されるほうが怖いと思って、結局泣き寝入りしました。実際には、そんなことで解雇されることはないのですけどね。

このときの一件は私にとってトラウマになりました。ただでさえ英語のアナウンスは憂鬱だったのが、余計に苦手になってしまいました。ペアリングにそのベテランクルーの名前があったら絶対にドロップ*して、一緒に乗務することを避けていましたね。ここだけの話、彼女が退職したと聞いたときには、正直ホッとしました。

＊ドロップ
予定から勤務を取り消すこと。人数不足が発生しないように、他の従業員とシフトを交換する必要がある。

1分超過でも即アウト！とても厳しいフライトアテンダントの労働時間

フライトアテンダントの仕事は、実はとても細かく法律が絡んでいます。なかでも厳しく定められているのが労働時間です。航空法*で、1分でも超えるとアウト。それは北米に限った話ではなく、日本でも同様です。

また、勤務終了から次のフライトまでの間は必ず最低10時間の休憩を取らなければなりません。例えば乗務便が遅延して、次のフライトが朝の9時のときに、その間が10時間を少しでも切ってしまうような場合には、翌朝のフライトを遅らせるか、違うクルーが代わりに乗務しなければならないのです。

カナダでは、冬の間は遅延が当たり前のように生じます。雪がすごく降るので、ディアイシング*といって雪や氷を取り除く作業に時間がかかります。ディアイシングをしている間にもまた雪が積もって、もう1回しなければならないといったイレギュラーで遅延が重なることがあるのです。カナダほぼ全土で降雪しますから、国内線は大体乱れるといって

＊航空法
航空業界に関する法律や規制のこと。航空機の運航や安全、航空会社の規制、航空旅客の権利など、航空産業に関するあらゆる規定を含む。
＊ディアイシング
安全に飛行する為に飛行機の翼に積もった雪を除去し、さらに翼の凍結を抑える作業のこと。

も過言ではありません（実はバンクーバーはあまり雪は降らず、冬の場合は冷たい雨が続きます）。

遅延が重なると、既にお客様が飛行機に搭乗した状態でしばらく待った後、ようやく出発できることになったとしても、「さあ行くぞ」と扉を閉めて滑走路に向かったところで離陸する飛行機が待機しているため、滑走路の手前でさらに1時間や1時間半くらい待つことも普通にあります。

そうすると、渡航先に到着する時間を計算したときに、クルーのデューティータイム*がルール内には確実に収まらないということで、そのフライト自体がキャンセルになることもあります。さんざん待たされた末に飛行機が滑走路に向かって動き出し、ようやく出発すると思ったら、再びゲートに戻っていくので、お客様も「えっ？」「なんで？」という顔をされます。

その場合には、空港でスタンバイしていたフライトアテンダントと乗務を交代した後に出発するか、その便自体をいったんキャンセルにし、ルール上のミニマムレスト*を挟んだ10時間後に、クルーも飛行機ももう一度セットアップして、お客様を乗せて出発することもあります。

＊デューティータイム
業務時間のこと。機内サービスや安全確認、乗客への応対など、任務を遂行するための時間を指す。
＊ミニマムレスト
ステイ先での最低の休息時間を指す。一般的には最低でも10時間の休憩を挟む必要があることが多い。

お客様にしてみれば、その後の予定を変更せざるを得ない状況になるわけですし、迷惑極まりないことだと思います。けれども、それは別にクルーが疲れているがゆえのわがままではなく、法律で決まっているからだということを、どうかご理解くださいませ。

飛行機の大きさやドア数に応じて、乗務するフライトアテンダントの人数も定められています。スタンバイ業務のところでもお話ししましたが、フライトアテンダントの人数が1人でも少ないと、お客様を機内にご案内することができません。時間や人数など、数字に対しては本当に厳密なルールがいくつも存在しています。

ですから、**クルーにも「会社のために、ここは頑張ろう」「多少時間がオーバーしても大丈夫」という感覚はありません。**とてもシビアにとらえていて、1分でも時間をオーバーしたら割り切ります。既にお客様が乗っていて、あとは離陸を待つだけであっても、お客様に迷惑がかかることは重々承知の上で、「それでも、これはルール。航空法や会社の契約書で決まっているので」というスタンスです。目をつぶることはしないのです。

私はどちらかというと、「この状態でキャンセルしたら、絶対に修羅場やん」と考えると、「もうええやん、行ってしまおう」と気持ち的には思うのですが、実際には法律的に行けないのですよね。

カナダのなかでは比較的雪が少ないバンクーバーの冬

ムチャな要求をクレームに発展させない フライトアテンダントの上手な立ち回り方

フライトアテンダントとして働いていると、いろいろなお客様との出会いがあります。いい出会いももちろんありますが、なかには対応に苦慮するケースもしばしば。そんなときはいかにしてうまく立ち回れるかが大切で、今なお修行の毎日です。

深夜便でよくあるのが、機内の床で寝るお客様。海外のお客様に結構いらっしゃいます。横並びの席に2人で乗って、ひとりはイスの上に横になり、もうひとりは座席の足元に横になるのです。乱気流に遭遇することもあるので、何度も「そこで寝んといて」と声を掛けに行くのですが、10分くらいするとまた寝ています。

そういうときは、乱気流に遭遇したときにシートベルトをしていない状態だと、とても危ないことを丁寧に説明します。**「シートベルトをせずに働いていたフライトアテンダントが吹き飛ばされて首を痛め、なかには言語障害が残った人もいるんやで」「もしあなたが吹き飛ばされて、ほかのお客様にぶつかったら、どうやって責任とるん？　危険なんは**

あなただけじゃないねんで」と話すことで、ようやく座席に戻ってくれます。

そもそも深夜便は、機内の照明を落としていて暗いので、床に寝られてしまうとよく見えず、誤ってカートでひいてしまう可能性もあります。そのようなことが起これば、当然ながらこちらの責任になりますから、未然に事故を防ぐためにも、やめていただきたいと思います。

寝ているお客様を起こすことは、できることならあまりしたくありません。無理に起こせば機嫌を損ねてしまいますし、状況を把握するまでに時間を要するからです。

深夜便だと、朝に2回目の機内食を出すことがあるのですが、ビジネスやプレミアムエコノミー*のお客様には、1回目の機内食を提供するときに「朝食はどうする？　きっと寝てると思うけど起こしたほうがいいですか？」とあらかじめ確認しておきます。そうするとなかには「起こさんといて」というお客様もいますが、せっかくの機内食ですし、「起こして」というお客様も結構います。

でも、私の経験上、起こしてほしいと言われたから声を掛けたのに、大抵は機嫌の悪そうな顔をされます。それがわかっているので、お休み中のお客様に声を掛けるのはどうしても憂鬱で少し苦手です。

＊ビジネスやプレミアムエコノミー
各社クラスの設定や呼び方は異なる。私が在籍する航空会社にはファーストクラスの設定はない。

機内持ち込みの荷物の対応で困ることもあります。

あるとき、中世ヨーロッパの貴婦人がかぶるような、とてもゴージャスな帽子をかぶって搭乗されたお客様から、「この帽子を絶対につぶれへんところに収納して」と言われたことがありました。クローゼットのある機材もありますが、小さな機材にはそのようなスペースがありません。また、仮にクローゼットがあったとしても、それはビジネスクラスのお客様のためのものであり、エコノミークラスのお客様の荷物は入れられない決まりになっています。

ひとりのお客様の要望を受け入れてしまうと、ほかのお客様にも同じように対応しなければならなくなるので、「今回だけ特別やで」ということは絶対にしません。

帽子を預かれないことを伝えてもなかなか納得してもらえず、頭上のオーバーヘッドビン*を1個分丸々空けて、そこに自分の帽子だけを入れるように言われましたが、もちろん無理な話です。

このお客様とはしばらく揉めましたが、最終的には「帽子がつぶれるのが嫌なんやったら、かぶっとくか、自分の手で持ってもらうしかありません」と伝え、そのお客様には6時間のフライトの間、ご自身で帽子を管理していただきました。

*オーバーヘッドビン
座席の上部に取り付けられた収納スペースで、手荷物や小物を収納するために利用される。

荷物に関してよくあるのが、ウエディングドレスを持ち込むケースです。北米はウエディングドレスが安いので、レンタルするよりも購入する人が多いようです。メキシコのカンクン*やハワイで式を挙げるのに、ドレスをスーツケースに入れずにカバーをかけただけの状態で、手荷物として搭乗されるのです。やはり「しわになったらダメだから、棚をひとつ空けてほしい」と言われます。もちろんできませんから、収納したカバンの上に載せてもらうようにお願いしています。

あとは、食事でしょうか。

ヴィーガンやベジタリアンのように食べるものを制限されている方や、宗教上や健康上の理由から食事に制約のある方もいらっしゃいます。機内食には、そうした食事の制約がある方に対応したスペシャルミール*があります。

事前にリクエストさえしていただければ用意することができるのですが、搭乗後や機内食を提供するタイミングになって申告され、提供できないとお伝えすると、しばらくごねられるお客様も稀にいらっしゃいます。

そういうときには、機内に食べられそうなものがあれば提供しますが、次回からは搭乗前に必ずリクエストしていただくようにお願いしています。

＊カンクン
メキシコのユカタン半島にあるリゾート地で、白い砂浜と青い海が美しい観光地。豊かな自然と歴史的な遺産が魅力で、多くの観光客が訪れる。
＊スペシャルミール
食事制限や食習慣に合わせて提供される特別な食事オプション。例えば、ベジタリアン、ヴィーガン、ハラール、無菌食、低塩食などがある。

空港や飛行機から人がいなくなる衝撃
感染症の脅威が暗い影を落とした

新型コロナウイルスの世界的な感染拡大は、航空業界にも甚大な影響を及ぼしました。当時の衝撃はいまだに忘れられません。それは2020年3月のことでした。

カナダでも世界的に新型コロナウイルスの感染者数が拡大しているという報道がされ始めてはいましたが、どちらかといえばカナダでは「アジアのほうはだいぶ流行っててんねんな」という感じで、まだまだ他人事でした。飛行機も普通に運航していましたし、フライトアテンダントもマスクを着用していませんでした。

その日、私はホノルルに向かう便に乗務し、パーサーポジションを務めることになっていました。18時の便で、お客様の搭乗が可能であることをゲートのスタッフに伝えました。

ところが、いつもならすぐにお客様が機内に送られてくるのですが、その日はなかなか来ません。機内で待ち構えているフライトアテンダントも「お客さん、全然来やへんね」「どうしたんやろ。何かトラブルかな?」と不思議に思っていました。あまりにも搭乗して来ないので、私がゲートまで様子を見に行き、ゲートにいるスタッフに「何。どうしたん？」と聞くと、「ごめんな」と一言。ふと周囲に目をやると、ゲートはてんやわんやで、泣いている人もいました。

訳がわからず話を聞くと、**カナダ政府がその1～2時間前に、海外に渡航した場合、帰国後に2週間の隔離をすると発表した**とのことでした。それはつまり、私たちがお客様の搭乗を待っていたホノルル便に乗ってハワイへ行けば、カナダへ帰ってきたときには、確実に2週間の隔離が待っているということを意味していました。

そのため、搭乗を待っていたお客様たちが、ホノルルへ行くか、行かないか、どうしようということで、修羅場と化していたのです。

もちろんホノルル便だけではありません。アメリカ線のゲートでしたから、他のゲートも含め本当に騒然としていました。その光景を見て、ついに新型コロナウイルスがカナダまで、自分の生活圏まで近づいてきたことを実感しました。

とはいえ、数日後にバンクーバーへのフライトを予定しているお客様がホノルルで待っているため、とにかく飛行機をホノルルへ送らなければならず、便は運航するということでした。私たちクルーも、フライトから戻ってきたら2週間の隔離が必要なのかどうかもわからない状態のまま、かなり遅れたものの、飛行機はホノルルへ向けて出発しました。満席の予定でしたが、最終的に搭乗されたお客様は6人だけでした。

打って変わって、ホノルルから戻ってくる便は満席。バンクーバーに到着後、全てのお客様は、2週間の隔離生活を余儀なくされました。一方、乗務員は対象外ということで隔離は行われませんでしたが、私としては、（隔離がなくて）よかったというよりはむしろ不安でした。お客様は隔離されるのに、自分はいつもと変わらず自宅に帰っても本当にいいのだろうか、そう思いました。

その後、同僚のフライトアテンダントにもひとり、またひとりと感染者が出始めました。感染者が出たことがわかると、同じ便に乗務していたクルーは検査を受けなければなりません。そうした現実を目の当たりにして、未曾有の事態はすぐそこまで迫っているのだということを、あらためて感じました。

そう思っているうちに、事態はさらに急転。国際線はほぼ全便の運休が決定しました。また、カナダ国内でも特段の事情がない限りは州間の移動が禁止になり、国内線のフライトもあっという間になくなりました。そして2週間もしないうちに、従業員の半数以上がレイオフ*を言い渡されました。もちろん、私も例外ではありません。

＊レイオフ
一時解雇。カナダや北米では雇用の自由市場主義が広く受け入れられているため、日本と比較して企業は従業員の解雇が容易。

運航を継続していたわずかな便は、勤続年数が何十年にもなるようなベテランが残って、少人数で運航することになりました。

人であふれかえっていた空港や飛行機から、あっという間に人の姿が消えた光景は、もう一生見ることはないと思いますが、本当に衝撃的でした。

その後、航空事業の需要が少しずつ戻ってくるのと同時に、レイオフされたクルーのリコール*がかかるようになりました。勤続年数の長い人から順に呼び戻され、レイオフから約1年4カ月後、私のところにも会社から乗務復帰の連絡がありました。

もちろん、コロナ禍の影響を受けない業界はなかったと思いますが、とりわけ航空業界は暗い影を落としていました。レイオフされていた約1年4ヵ月の間に私がいったい何をしていたか、については、この後に書いていきますね。

1年以上のブランクがあったことに加え、オンラインの事前学習の受講や訓練センターでの訓練にパスすることなど、乗務再開までにはタスクもいくつかありましたし、感染症対策のため機内アナウンスやサービスも大きく変わっていると聞いていたので、不安な部分もありましたが、それ以上にフライトアテンダントとして再び乗務できることがとてもうれしかったのを覚えています。

＊リコール
呼び戻し。一時的に解雇された従業員が、後に再び雇用されることを指す。コロナ禍、北米の航空業界では珍しいことではなかった。

一時解雇でできた時間を有意義に使い YouTubeは見る側から配信する側に

もともとYouTubeは視聴者側の人間でした。もっぱら航空系専門で、エアラインのレビューをされているYouTuberの方が結構いらっしゃるので、その方たちが上げている動画を見て「この会社はこういう感じのサービスなんやな」と楽しんでいました。あとは、CA系YouTuberさんの動画もよく見ていました。

その頃は、自分でもYouTubeをやってみようなどとはまったく思いませんでした。私は、写真を撮られるのも好きではなかったですし、友達が撮った動画を見返すのも憂鬱に思うタイプ。自分の顔や自分の声を、客観的に見たり聞いたりするのが本当にイヤだったんです。

けれど、**コロナ禍にレイオフとなり、急に時間がポーンと空いてしまいました。**私が普通の会社勤めをしていたり、在宅ワーカーだったりすれば、仕事もあったと思うのですが、本当にゼロになってしまったのです。かといってどこにも行けないし、本当にやることがない。そういった状況に置かれたときに、**「それなら、この時間を使って何かに挑戦したろ」**と思うようになり、意を決してＹｏｕＴｕｂｅを始めることにしました。

ちょうどその頃、私がよく動画を見ていた方で、フライトアテンダントではないのですが、いろいろなところに旅行されてはその様子を上げている、旅行系のＹｏｕＴｕｂｅｒさんがいました。その方がコロナ禍で海外旅行に行けなくなり、Ｕｂｅｒ Ｅａｔｓか何かの配達を始められて、その様子を上げていました。

面白いなと思って見ていたのですが、ふと思ったんです。「カナダでもＵｂｅｒ Ｅａｔｓの配達員できるやん」と。とにかく時間だけはありましたし、カナダは日本のＵｂｅｒ Ｅａｔｓとは方式が少し違って、車で配達するのが主流なので、それを上げてみようということで投稿したのが最初でした。

……なんていいながら、本当のことをいうと、その前にも自宅のインテリアをＢＧＭをつけてオシャレな感じで、顔出しはせずに紹介したことがありました。本当の最初はそこからだったのですが、見てくれる方はほぼいませんでした。今思えばそれは当たり前の話で、顔も出していなかったですし、類似動画はたくさんありますから、見てもらえるわけがないんですよね。

ヒマつぶしくらいの軽い気持ちで始めたものの、始めたら始めたで「なんで見てもらわれへんねやろ」「せっかくならもっと見てほしいな」と欲が出てきます。そこで、動画を見てもらえるとしたら、何が強みになるだろうとあらためて考えました。そして、ここはやっぱりフライトアテンダントの仕事だろうとの結論に至ったのです。

そして、Ｕｂｅｒ Ｅａｔｓの配達を皮切りに、フライトアテンダントの荷物やお気に入りのステイ先などを紹介し始めました。悩んだ末に顔出しを解禁し、チャンネル名を現在の「関西弁ＣＡ／Ｒｙｕｃｒｅｗ」としたのです。

顔出しには勇気がいりました。特に知り合いにバレるのは避けたかったので、最後の最後まで悩みましたが、「そんなに見いひんやろ」と開き直ることにしました。

顔出しをしていない時期には、アフレコをつけていたのですが、オシャレな動画にしたくて標準語に寄せていました。できていたかはわかりませんけど、関西弁はできるだけ出さないようにしていたのです。

でも、なかなか自分らしくしゃべれないですし、無理に標準語をしゃべろうとして言葉も詰まってしまいます。何より、まったく楽しくない！　負のスパイラルに疲れ、「もう普通にしゃべったろ」と考えを変えました。それでも、今ほど関西弁丸出しではなかったと思いますけどね。

その頃から、恥ずかしさが取れていきました。最初の頃はちょっとでもよく見られたいと思って、素の自分を見せたくない部分もありましたが、それもなくなって、今では寝起き姿も、派手な寝グセも見せますし、見てくださっている方が不快にならない程度ならOKということにしています。そうして**素を出せるようになったことで、状況はむしろ好転し、少しずつですが登録者数や再生回数も伸びていきました。**

撮影した動画を編集することは、まったく苦ではありません。思い返してみると、もともとものづくりが好きだった気がします。

本当に一瞬だけですが、小学生の頃、新聞記者になりたいと思っていた時期があって、家で起こったことを手書きで記事にして、家の新聞を作っていました。また、我が家に初めてパソコンがやって来た中学生の頃には、家族旅行に行ったときの写真、それも昔のデジカメで撮った画質の決してよくない写真やちょっとした動画をつないでスライドショーのようにして、音楽をつけて家族に見せることもしていました。高校に入ってからは、まったくやらなくなってしまいましたが。そんなものづくりの楽しさを再び思い出し、今では動画編集が趣味になっています。

つくり込まず、等身大の姿を見せることで皆さんのヒマつぶしになりたい

YouTubeに動画をアップする上で意識していることがいくつかあります。

まずは、**見てくださっている人が嫌な気分になったり、落ち込んだりしてしまうような、ネガティブな内容の動画は上げない**ということです。

そして、すべての動画がそうではないのですが、「現役フライトアテンダントが紹介する*」というような形で、何かしらの知識や情報をシェアすることができたらいいなと考えています。航空系の友達が多く、私がフライトアテンダントとして働いていることもあって、私の周辺では当たり前になっていることも、1歩業界の外に出てみると意外に知られていなくて、役に立つようなものも結構あると感じています。旅行動画にしても、その国や街の歴史背景を調べて紹介するようにしています。

知識や情報といいながら、矛盾しているかもしれないのですが、変にかしこまって見るものではなく、寝る前やヒマなときに軽い気持ちで見てもらえることも、私にとっては大

＊現役フライトアテンダントが紹介する
私の YouTube で１番再生されている「CA が教える！ホテルに入室したら、絶対チェックすべき８項目。」は 172 万再生、次は「【CA が教える】普通なら選ばない座席が実は… 穴場。」が 129 万回再生を突破（2024 年２月時点）。

切です。時にホッとしたり、時にはクスッと笑ってもらえたりしたらうれしいです。オカンからは「あんた、よう猫かぶってんな」と言われますけどね。ほっといてや！

そのため、動画を撮るときや旅行へ行くときには、あらかじめYouTube用に企画を立てることはしません。例えば、家族との動画では、ただ家族と買い物へ行くというときに黙ってカメラを回します。「これおもろいやん」「ここへ行くんやったら、せっかくやから撮ろか」というように、本当に自由気ままな感じです。

旅行も「ここは絶対に映えるから、行こう」ということもありません。普通に旅行の様子をただただ撮影して、せっかく撮った動画をカットするのももったいないからほぼ使います。1回の旅行の動画がシリーズ化して何回にもなってしまうのは、そういう理由からです（笑）。でも、**コテコテの企画感がないからこそ、気軽に見ていただけるのではないかと思っています。**

それに、そのほうが、より一緒に旅行している感じになるのではないか、という狙いも実はあります。コロナ禍でなかなか旅行できないという日々が続いたなか、私は仕事柄もあって早めに飛行機に乗れるようになりましたし、海外にステイする機会にも恵まれました。現在ではようやく元の生活に戻りつつあり、旅行へ行く方も増えていますが、それでも日本人にとっては長く続く円安で、**なかなか海外旅行に行きづらい部分もありますから、一緒に旅行をしているような動画作成を意識しています。**

撮影から編集まで、すべて私自身が行っています。

編集を重ねる過程で少しずついろんなことができるようになって、ついつい凝り始めてしまい、以前より時間がかかるようになっているのは否めません。それに、見てくださる方が増えたことで、間違ったことを言えないとか、下手なものは出せないといった、ある種のプレッシャーもあるのですが、今後も編集は自分でするつもりです。「ここはカットしたくない」「ここでツッコミを入れたい」といった、私なりのこだわりもあるので、誰かに任せることは考えていません。

フライトアテンダントの仕事に復帰したことで、編集にかけられる時間は以前よりも限られていますが、むしろ復帰したことでYouTubeのコンテンツはグッと増えました。現役CAと謳いながら、1年ほどは知識や情報の発信に偏らざるを得ませんでした。ですから、ようやくフライトアテンダントとしての仕事の一端をお見せできることが、うれしかったですね。

復帰してすぐの頃は特に、乗務するときやステイ先での動画を上げることで「本当に

CAさんなんですね」という反応をたくさんいただきました。そうした反応はいまだにちょこちょこあります。

もともと会社は副業が認められていますし、休みもしっかりもらえます。ステイ先での時間を撮影や編集に充てることもできるので、できれば今後も週2〜3本のペースで上げることができればと思っています。できてへんときもありますけど。

YouTubeを始めたことで、私にとってプラスになっていることもあります。例えば、以前ならステイ先で引きこもってぐうたらする、超がつくほどの出不精でしたが、今はYouTubeのおかげで、「ここに行ってみよう」「何かよさそうなところがないかな」と、アクティブに過ごせるようになりました。それは間違いなく、YouTubeとそれを観てくださる方々のおかげです。

とはいえ、YouTubeを本業にするつもりはありません。

今はありがたいことにこうして見てくださる方がたくさんいて、それによって収益もあるわけですが、この状態が永遠に続くことはないとわかっています。だからこそ、**YouTubeはあくまでも趣味。**そのくらいの気持ちでやったほうが、私らしいものになると思っています。

異文化ならではの〝あるある〟に要注意！
リスクヘッジすることで自分の身を守る

仕事中に「やってもうた！」と思ったことは、たくさんあります。

これは〝異文化あるある〟かもしれませんが、日本と北米ではハンドジェスチャー*に違いがあります。**日本では「こっちにおいで」という意味で、手のひらを下に向けて手招きをしますが、北米でそのジェスチャーは「あっちへ行け」という真反対の意味**になります。「こっちにおいで」と示すには、手のひらを上にして手招きをしなければなりません。

当時、私はそのことを知らなかったため、お客様に「こっちが空いてるで」と知らせたくて、手のひらを下に向けて呼び、お客様を困惑させてしまい、それを見ていたクルーにビックリされてしまったことがありました。国によっては、使ってはいけないハンドジェスチャーもありますから、海外へ行かれたときにはジェスチャーや身振り手振りを使ったコミュニケーションに気をつけていただくとよいと思います。

異文化的なところでいうと、自分が食べているものを「これ、おいしいから一口食べて

＊ハンドジェスチャー
手や指を使って意思や感情を表現する身振り手振りのコミュニケーション手段。各国や地域で動作の意味が異なる場合があるため注意が必要。

みて」とか「おひとつどうぞ」と勧めてこられることって、ありますよね。そのときに、日本人の場合、別に悪気があるわけではないのですが、気を使って「結構です」と遠慮することもあると思います。しかしながら北米では、それがかえって悪い印象を与えてしまうこともあるようです。

「好きなんやろ？　私がもらうの悪いからあなたが食べて」と気を使うよりも、「ええのん？　ありがとう」ともらって、「ホンマにおいしいね！」とリアクションしたほうが、相手は喜びます。心のなかでは「別にいらへんねんけどな……」と思ったとしても、相手の好意を素直に受け取ったほうが、その後のコミュニケーションも円滑に進むような気がします。特に北米では、**遠慮することは美徳ではない**のですね。

機内でやらかしてしまったミスといえば、お化粧室でしょうか。

離陸前は、お客様の安全確保のため、お化粧室に入れないように、外から扉をロックすることがルールになっています。そして離陸後、安定高度に到達してシートベルトサインがオフになったら、お客様が使えるようにロックを解除しなければなりません。ところが、シートベルトサインがオフになったタイミングでサービスが始まることもあって、そちらに気を取られてしまい、ロックを解除するのをすっかり忘れてしまうことが稀にあります。

なんだかお客様がざわついているなと思って様子をうかがうと、「なんか、誰かトイレにすっごい長いこと入っててんねんけど？」という話し声。ハッと気づくとお化粧室の前には行列ができていることもあります。

失敗エピソードは、乗務中以外にもあります。

私見ですが、北米のパイロットは、みんな醸し出す雰囲気が似ているように感じます。**勤務中は制服を着ているのでパイロットだとわかるのですが、ステイ先で私服に着替えると、途端に誰が誰だかわからなくなってしまいます。**ステイ先がハワイなどのリゾート地だと、さらにみんなサングラスをかけるので、余計に見た目で判別がつきません。しかも、サングラスの形まで似ているということがよくあります。ティアドロップ*、なんであんな人気なん？

ステイ先のホテルには、パイロットももちろんいますが、一般のお客様もたくさん宿泊されています。あるとき、ステイ先のホテルのエレベーターに乗っているときに、途中から乗り込んできたおっちゃんが、私に向かって「Ｈｉ」とスマイルを向けてきたことがありました。海外の方は、知らない相手でも目が合ったり、すれ違ったりしたときに声を掛けることがよくあるので、そのときは私も「Ｈｉ」と返して、その後は知らんぷりしてい

＊ティアドロップ
涙滴を意味する、丸みを帯びた形状のサングラス。映画『トップガン』でトム・クルーズが着用したことから、パイロットを想起させるアイテムになった。

ました。

その日の深夜便でクルーが集合したときに、パイロットから「さっきはすごい冷たかったやん」と話しかけられました。そう、私が知らんおっちゃんやと思っていたのは、昨日一緒に飛んできて、さらにその日も復路便でお世話になるパイロットだったのです。言われるまで気づかず、とんでもない塩対応をしてしまったと猛省した私は、それからというもの、ステイ先でパイロットっぽいおっちゃんに会ったら、誰彼かまわず愛想を振りまき、ニコニコするようにしています。

また、私は寝言がすごくて、自分で自分の寝言にビックリして目が覚めることもあるほどです。ステイ先でもそういうことがあって、朝の5時か6時頃にワッと目が覚めたことがありました。

翌朝、フライトに向かうために集合場所へ行くと、クルーたちが「昨日さ、朝方にすっごい叫び声聞こえたよな。事件かと思って飛び起きたわ」という話で盛り上がっていました。私はそれが確実に自分の寝言のことだと気づいたのですが、「へえ、そんなことがあったんや」としらばっくれることにしました。寝言はいまだに治らないので、ステイ先ではみんなの眠りを妨げないことを祈るばかりです。

規則正しい生活とは無縁のＣＡ
心身ともにしんどいこともたくさんあります

私自身は、フライトアテンダントという仕事が自分に合っていると思うので、働いていてよかったと思うことのほうが断然多いのですが、どんな仕事をしていても、つらいことやキツいことはあると思います。

フライトアテンダントをしていて大変だと思うのが、時間の調整。時差や環境の影響が体に負担となることが多くあります。早朝のフライトもあれば、昼寝をした後、深夜に飛ぶ便もあります。時差だけでなく昼夜逆転も普通にあるので、規則正しい生活とは無縁といっても過言ではありません。

そうした労働環境は、肉体的にも精神的にもよくないと感じています。当たり前ですが、睡眠は心身の健康にとても大切なものですので。

また、高度が高くなればなるほど、ラジエーション*や紫外線が強くなるといわれています。これらも浴び続ければ体に悪影響を及ぼします。実は、昔の飛行機のほうがラジエー

＊ラジエーション
エネルギーや粒子の放射線のことで、光、熱、放射線の形態で存在し、放射能や電磁波などを含む。

ションは入ってきにくかったそうです。今は飛行機の素材の軽量化が進んだことで通しやすくなってしまっているのだとか。

飛行機に乗るときは、季節に関係なく日焼け対策をすること、そして外の景色を見たい気持ちはよくわかりますが、景色を堪能したら、その後は眩しくなくても必ず日よけを閉めていただくことをお勧めします。日よけを閉めるだけでラジエーションのレベルを下げることができますし、紫外線もかなり防ぐことができるそうですよ。

なお、カナダの航空会社はどこもそうですが、**年に一度、自分が乗務でどれだけのラジエーションを受けたのかというレポートが渡されるので、当たり前のことですが健康被害が出ない程度に抑えなければなりません。**数値は機体や飛行高度によって変わるので人それぞれですが、フライトの多いクルーはやはり数値が高いようです。

あとは、一度飛行機のドアを閉めて出発したら、目的地に到着するまで、何があっても出られないというのも、当たり前のことではあるのですがつらいことかもしれません。簡単に地上に戻ることができないため、私はいつも「ドアを閉めるまでが勝負やな」と思っています。飛行機に異常があったり、お客様に問題があったり、あるいはクルーのなかに問題があったり、本当にいろいろなことが考えられます。

自分自身のコンディションもそうですよね。今日はちょっと調子がよくないな、というときに、無理に乗務すると、その後は恐怖が待ち受けています。

風邪気味で鼻がつまっているときに「たかが鼻風邪やし、こんなんで仕事を休んだらアカン」と思って、予定通り乗務したことがありますが、鼻がつまっているときに飛行機に乗ると、尋常ではないほどの痛みが耳を襲います。実際に鼓膜が破れて出血したクルーもいます。

私は幸いなことに経験がないのですが、鼓膜は破れる瞬間は痛くないものの、破れるまでがとても痛いそうです。破れてしまうと、一気に圧が抜けて痛みも消えるのですが、代わりに大量の出血があるのだそうです。怖すぎませんか……？

私は、鼓膜が破れる前の痛みは経験したことがあります。そのときは、一刻も早く飛行機から降りたくて仕方ありませんでした。けれどもそういうわけにはいきません。だからこそ、規則正しい生活ができないので難しいところではありますが、自分のコンディションを整えることの重要性を痛感しています。

思い返してみると、フライトアテンダントになったばかりの頃は、よく発熱したり風邪を引いたりしていました。機内は空気が乾燥しているので、感染症のリスクという不安は常にあります。

あと、**この仕事をしていると太ります。** ホンマに太ります！

深夜便に乗務すると、いつもなら寝ている時間にずっと起きていて働くことになります。そして人間というものは、起きていると、なぜかおなかがすく。そして深夜の3時、4時にもかかわらず、あまった機内食に手を出してしまうのです。「こんな時間に食べたらアカンで」と頭ではわかっているのに、「働いてるんやから、疲れた体にごほうびあげな」という悪魔のささやきが聞こえてきて、誘惑に負けてしまいます。

そして朝、自宅に帰り着いた頃に罪悪感に駆られるのですが、結局、朝は朝でおなかがすく。深夜に食べてんのに、何でなん？　疲れているし早く寝たらいいのに「空腹じゃ眠れへんよね」と、またもや悪魔がささやいてきます。

おかげさまで、子どもの頃から事あるごとに「あんた細すぎるで。もっと食べ！」と言われて育ってきた私ですが、フライトアテンダントの仕事を始めてから、しっかりと成長することができました。体重の話ですよ。

でも、日本のLCCにいた頃はそうでもなかったことを考えると、やっぱり食べるものも影響しているのでしょうか。

日本とは大きく異なる「足」への感覚 はだしや靴下でトイレへ行くのはアリ? ナシ?

小さい頃から暮らしてきた日本を離れ、海外で生活をするようになると、さまざまな場面で日本との違いを目の当たりにすることがあります。「海外ってすごいな」と思えることならいいのですが、なかには「うわ、嘘やろ?」と思うことも。

私がカナダで受けたカルチャーショックのなかでも、最も強烈に感じているのが、足に対する感覚の違いです。私は足は決して清潔なものではないと言われて育ちました。

でも、**おそらく北米の人たちは、日本人と比べて足をそこまで汚いものだと思っていない節がある**ように思うのです(もちろん、個人差はありますが……)。

初めてそれを感じたのは、カナダ留学時代です。最初にホームステイをしたのは、若い夫婦と赤ちゃんの3人家族の家でした。さまざまな理由からうまくなじむことができず、1カ月ほどで別のホストファミリーのところへ移ったのですが(4章で詳しく説明しています)、衝撃的だったのが、食洗機で靴を洗っていたことでした。もちろん食洗機を靴洗い機にしていたわけではありません。普段は食洗機として使っています。洗ったらきれいになるから大丈夫だろう、という感覚なのでしょうか。

飛行機のなかでも、当たり前のように靴を脱ぎ、はだしか靴下で過ごしている方をよく見かけます。家では靴を履いたまま部屋に入るのに、「今脱ぐんか〜い」状態です。機内で靴を履いたままだと窮屈だししんどいので、リラックスするためだとは思うのですが、靴を脱いだままでトイレにも平気で行くのには驚きました。トイレですよ？

床が濡れていることも結構あるのに、彼らは平気で行きます。そして、足が濡れたことがわかると近くにいるフライトアテンダントに「トイレの床が濡れてるで。きれいにしてくれへん？」と声を掛けてくるのです。でも、よく見ると、はだしや靴下なわけです。「いやいや、きれいにするけどさ、その前に靴履いてきてくれる？　靴を履かんと行こうとするからやないの〜！」と思わずツッコミたくなります。それでもなぜか、靴を履かないのですよね。それも1人や2人ではなく、結構な人がそう。これは仕事を始めてから感じたカルチャーショックでした。

このように、日本で育った私からすると〝足グセ〟は決してよくないと感じてしまいます。例えば友達が家に遊びに来たときも、ものすごく仲が良くて、頻繁に遊びに来るような間柄でない限り、日本人なら、どれだけ「くつろいでね」と言われても、多少は気を使うのではないかと思います。でも、私のパートナーの友達は、家人が促すよりも先にソファにボンと腰を掛け、人の家でもお構いなしにコーヒーテーブルに足をドカッとのせます。

フライトアテンダントが、通路に出ているお客様の荷物が邪魔だと足で蹴ってよけることもあります。でも、それをされたお客様は怒りません。「あ、出てた？」という感じです。日本ならあり得ないことですし、実際に、日本人のお客様から怒られたこともありました。それも蹴っていない私が。日本語が通じる相手が私だけですから、それも仕方ありません。しかしながら、お客様の荷物を蹴った張本人に「なあ、こうやってお叱りを受けたんやけど」と言っても、向こうは「え、何が悪いの？」と、まったく悪びれる様子はないのです。

一方で、足に対する感覚の違いで助けられる経験もしました。

年に一度の乗務員資格更新訓練のときのことです。今は私服での参加がＯＫなのですが、昔は制服を着て行かなければならなかったり、訓練のなかで制服チェックが行われたりしていました。そのときに、革靴を忘れてしまったことがありました。

訓練が行われるのは、自宅のあるバンクーバーから離れたカルガリーで、革靴がないことに気づいたのは、前泊していたカルガリーのホテルで訓練前日の22時頃。お店は既に閉まっている時間です。翌日の訓練は朝から始まるので、お店が開くのを待つこともできません。あるのは自宅から履いていったスニーカーのみ……。制服チェックはとても重視されているため、このときばかりは「終わった」と思いました。

焦りに焦った私は前泊していたホテルのフロントへ行き、「変な質問で申し訳ないのですが、革靴って借りられませんか？」と尋ねました。もちろん貸す靴なんてあるわけがないのはわかっているのですが、藁《わら》にもすがる思いでした。すると、男性のフロントスタッフが「俺、あと15分で今日のシフト終わりやから、今履いている靴でよかったら貸したるで」と言ってくれたのです。

知らない人に靴を貸すなんて、普通なら絶対にあり得ないことですが、優しさに助けられ、私は最大のピンチを切り抜けたのでした。

機内でCAのマウンティング合戦!?
海外で働くなら図々しさは必要な資質

理不尽に感じた上司や先輩の話をしましたが、私もフライトアテンダントとしてのキャリアは1社目も含めてもう10年。私より後に入ってきた、いわゆる後輩にあたるフライトアテンダントも少しずつ増えてきました。

私は自分自身の実体験から、先輩風を吹かせてこられたり、「これはこうやで」と高圧的にものを言われたりするのがとてもイヤだったので、後輩には同じことをしないように気をつけています。自分の考え方や、やり方を押し付けることは基本的にしませんし、「自分のほうが先輩やで」という雰囲気は出さないようにしています。

ただ、北米では、そうすることがいい先輩、同僚という考えにはなりません。**何も言わない静かな人は、舐められてしまうところがあります。**むしろ後輩のほうが自分よりもはるかに強気な感じで、仕事を仕切ってくることも稀にあったりします（先ほどもお伝えしたように北米ではそもそも日本のような先輩・後輩の関係があるわけではないので、なんら不思議ではないかもしれませんが）。

また、先輩・後輩の上下関係がないことは風通しが良く見える反面、ときとして日本の職場では信じられないようなコミュニケーションが発生することも事実です。

入社したてのフライトアテンダントは、段取りもつかみ切れていないでしょうし、仕事がうまくできないのは仕方のないことだと考えています。ですから、ある新人フライトアテンダントと一緒に乗務したときには、たとえ仕事が遅かったとしても、その人には気持ちよく仕事をしてほしいと思った私は、「あれやって」「これやって」とは言わず、その子ができていないところをフォローすることで、いつも以上に働いていました。すると、その子は想像もしなかった言葉を私に投げかけてきました。

「Ryan《ライアン》（職場で私が使っている英語名）私のママみたい。働きすぎやって。ちょっと落ち着いて」

彼女のお母さんは日本人です。つまり彼女はミックスなのですが、日本語はほとんど話さないようで、中身は完全にカナダ人。そんな彼女が私に、〝Calm down《カムダウン》（落ち着いて）〟〝Take it easy《ティキットイージー》（のんびりいこうよ）〟と言い放ったのです。

その言いっぷりにカチンときてしまいました。後にも先にも、後輩から掛けられた言葉でこんなにイラッとしたことはありません。「なんで、あんたに『落ち着いて』とか言われなアカンねん。こっちはあんたができてへんことをやっとって忙しいっちゅうねん！」という話です。

けれども悲しいことに、そういうことを言っても彼女は失礼なことをしているとは思っていないのですよね。向こうにしてみれば、忙しくしている私に対してむしろ優しさで声を掛けたくらいのつもりかもしれません。「気を使わせてしまったな」とか、「私の仕事が遅いために、働かせてしまっているな」とは、1ミリも思っていないのです。自責の念がないというか、鈍感力というべきか。

開いた口が塞がらないというのは、こういうときのことを言うのでしょうね。フライトの終わり際でしたが、本当にビックリして言葉を失ってしまい、もはや言い返す気力も残っていませんでした。

その出来事がきっかけで、後輩よりも先輩と一緒に働いたほうがどんなにラクか、ということを痛感しました。相手が先輩なら、いざというときには自分が合わせればいい話です。それができない後輩とは、一緒に働くのがすっかり怖くなりました。ちなみに彼女とはその後、一度も一緒に飛んでいません。

このように、思わぬ形勢逆転が起こることがあります。言わなければならないことはきちんと言わないと、現状を許してしまうことになりますし、黙っていれば、また同じことを繰り返すでしょう。**本当にビックリするというか、「あんた、何言うてんの？」みたいなことは結構あります**ので、自分も相手に誤解を招いていないか、相手の気持ちを損ねていないか、自問自答することが大切だなと感じています。

毎回チームが異なるフライトアテンダントの同僚たちと

全員が脱出成功したJAL機炎上事故
クルーと乗客の冷静な対応は海外でも高く評価された

2024年を迎えたばかりの1月2日、羽田空港に着陸したJAL機と、離陸準備をしていた海上保安庁の航空機が衝突し、機体が炎上するという大変な事故が発生しました。海上保安庁の航空機に搭乗していた5名の海保職員の方が亡くなられた、とても痛ましい事故だったのですが、JAL機に搭乗していた379名の乗客・乗員は1名の死者も出すことなく、全員が脱出に成功しました。

事故のニュースはカナダでも報道されていましたし、SNSでも事故の状況について知ることができました。いずれも、JAL機の乗客・乗員が全員助かったことがとても素晴らしいことだと報じているものが多かったです。

この事故が発生した後、私が働く航空会社ではしばらくの間、フライト前のブリーフィングでこの事故のことが毎回のように話題に上っていました。一緒に働くパイロットやフライトアテンダントは毎便異なるため、ブリーフィングの顔ぶれも毎回変わるのですが、誰と話していても、結局最後はこの話になっていました。クルーからは「ＪＡＬのクルーが素晴らしかった」ということ、そして**「日本だったから、全員が脱出することができたのだろう」**という声が聞かれました。

もし、私たちが同じ状況に立たされたとしたら、きっと全員が脱出することはできなかっただろう、という話にもなりました。窓の向こうに炎が上がっている状況下でも、日本の乗客の皆さんはクルーの指示を待って行動されていましたが、こちらだったらクルーの指示を聞くことなく、我先に逃げようとする方も少なからずいらっしゃると思います。

また、緊急脱出時には手荷物を持ち出さないように言われますが、これもおそらくこちらでは守られることがないでしょう。このことは、カナダ人のフライトアテンダント全員が口をそろえていました。

アメリカの航空会社だったと思うのですが、少し前に、今回ほどの大事故ではなかったものの、緊急脱出に至った事故がありました。そのときの映像も、ＳＮＳで拡散されていたのですが、乗客の多くがカバンを手に我先にといった感じで脱出を試みていました。それを知っていたからこそ、今回の対応が称賛された部分もあるのだろうと思います。

また、今回の事故では、ペットの取り扱いについて、議論がなされていました。これについては、とても多くの質問をいただきました。私自身、ゆずという柴犬*と一緒に暮らしていますので、他人事ではありません。

ペットも家族の一員であるとはいえ、緊急時には人命が最優先となります。今回、事故に遭った飛行機では、ペットを貨物室に預ける規定になっていたそうですが、貨物室は整備士や貨物を扱う地上スタッフが開閉を行う場所であり、機内からクルーが勝手に開けることはできません。そのため、とてもかわいそうではあるのですが、これについてはどうしようもなかったというのが現実だと思います。

北米の航空会社の場合、国内線や一部の路線では、小型の犬や猫を機内に連れて入るケースはよく見られます。ただし、非常時の対応は各航空会社によって変わってきます。

私の働く航空会社では、国内線と一部路線において、小型の犬・猫であれば一緒に搭乗することが可能です。ただ、前の座席の下の荷物を入れるスペースに、ペット用のキャリーバッグが収まることが条件となります。キャリーバッグが収まらない場合には、預けていただくことになりますが、それは絶対に受け入れられないということで、ペットと一緒に飛行機を降りられる決断をするお客様もいらっしゃいます。

ペット同伴のお客様が搭乗されたら、私たちは離陸前に必ずお声を掛けて、フライト中

＊柴犬
日本原産の小型犬で、しっかりとした体格とかわいらしい風貌が特徴。忠実で賢く、家族に対しては愛情深い性格。

は絶対にキャリーバッグから出さないこと、緊急時にはキャリーバッグから出して、赤ちゃんのように抱っこした状態で一緒に避難することを説明します。

また、介助犬は機内への同行が可能で、きちんとトレーニングされていることから、ケージやキャリーバッグには入れる必要はありません。介助する方の足元で待機していて、緊急時には一緒に避難することができます。

搭乗時のペットの取り扱い。ここの対応については、とても難しいところだと思います。お客様やクルーのなかには、動物アレルギーのある人もいますから、その方たちにしてみれば、機内にペットを持ち込まれることにはリスクがあります。犬や猫の毛は、どんなに掃除をしても残ってしまうことがあるため、ペットが同乗した便にはアレルギーの方がいらっしゃらなかったとしても、次にその便を使うお客様のなかにアレルギーの方がいらっしゃれば、その場にペットはいないにもかかわらず、アレルギーの発作が出てしまう可能性も十分にあります。

大切なのは、一緒に搭乗できたとしても、預けることになったとしても、気圧の変化や何時間もケージやキャリーバッグの中で動けない状態というのは、ペットにとって大きなストレスであるということを飼い主が理解することだと思います。

緊急時だからこそ、詳細な状況確認とパイロットからの指示待機が重要

緊急時の対応について、新人訓練には必ず脱出訓練が含まれています。訓練のなかでも大きなトレーニングのひとつであり、機内を模したモックアップという訓練施設で、さまざまなパターンを想定して訓練するだけでなく、訓練後には試験も行われます。

訓練後の試験では、フライトアテンダント役はどういう原因で緊急脱出を行うのか、事前に何も知らされません。状況がわからないなかでも、これまでの訓練で学んだことをフルに発揮することが求められます。そして、乗客役の訓練生にはそれぞれ、「我先に脱出しようとする人」「怖くてその場から動けなくなる人」「車いすを利用しており自力歩行ができない人」といった役が振り分けられます。それについてもクルー役は事前に知ることができません。

この試験をクリアできなければ、もちろんフライトアテンダントになることはできませんし、新人訓練を無事にパスしたとしても、年1回の乗務員資格更新訓練に必ず脱出訓練

が組み込まれています。乗務員資格更新訓練では、内容によって2年に1回しか行われないものもあるのですが、脱出訓練に関しては必ず毎年行われます。

緊急脱出をしなければならないときに大事なのが、混乱を生じさせないように、クルー全員が大声で、決まったコマンド*を発することです。コマンドは会社ごとに決まっています。例えば、機体炎上事故により緊急脱出が行われたJALでは、「脱出！」や「Evacuate《エバキュエイト》（避難）！」という言葉が用いられていたと聞きました。

非常時、飛行機の大きなドアの横には、必ずフライトアテンダントがいます。フライトアテンダントにはそれぞれ担当のドアがあり、緊急時には責任者としてそのドアを開け、乗客を脱出させることになりますが、おそらく**どの航空会社でも、緊急時にはフライトアテンダントが自身の判断で真っ先にドアを開けるのではなく、機長やパイロットの指示を待つことになっています。**実際にどういう状況なのかは、客室だけでは把握しきれないからです。

そのため、航空会社によって異なりますが、例えば機長がチャイムを3回鳴らしたら脱出してもいいとか、機長から「脱出」というアナウンスが入ったら脱出を開始してもいいといったルールがあります。

＊コマンド
緊急時に乗客に正確にかつ素早く指示が伝わるように使用される文言のこと。

機長からの連絡を待って、確認してドアを開けるのが本来の手順になるのですが、パイロットが死亡していたり、コマンドを出せない状況だったりする可能性もあります。そういうときは、ある程度までは指示を待ちますが、機長に連絡してもつながらない場合や、機器が故障して連絡が取れない場合には、最終手段として、フライトアテンダントが自分たちの判断でドアを開けることになります。

ただし訓練のときに、連絡が来ないからといって、数十秒間だけ待ってドアを開けてしまうフライトアテンダントがいるのですが、それは対応としては不正解とされます。なぜなら緊急時には、パイロット側にも非常にたくさんのチェック項目があり、それらをすべて確認した上で客室に脱出の指示を出すからです。すべてのチェックを終えるまでには時間がかかるため、実際の非常時でも機長からの指示が出るまでには、それなりに時間を要するというわけです。今回の事故の動画のなかに「早く出してください」「開けてください」という子どもの声が入ったものがありました。それを見て、なぜ早くドアを開けないのか、不思議に思われた方も多いかもしれません。

あくまで同業者としての推測ではありますが、一番の理由には、フライトアテンダントが機長からの指示を待っていたことが考えられますし、インターホンも壊れていたのかもしれません。実際に、前方にいたフライトアテンダントには機長の指示が聞こえたけれども、後方には伝わらず、最終的にはフライトアテンダントの判断で脱出したと聞いています。自身の判断でドアを開けるのは、相当な覚悟が必要だったと思いますが、動画を見る限り、ＪＡＬのフライトアテンダントの方々は、瞬時にいろいろなことを処理されていたのではないでしょうか。

もうひとつ、非常時だからといって、すべてのドアを開けてもいいわけではありません。機長の「脱出！」というコマンドには「脱出に使えるドアを開けなさい」という意味が含まれています。**フライトアテンダントは担当するドア付近の窓から外を見て、出火がないか、開けた先に障害物がないか、スライドを出したときに無事脱出できる高さかどうか、などを瞬時に判断しなければならない**のです。

本当ならば、このような緊急事態は起こらないのが一番です。ただ、何が起こるのかは誰にもわかりません。もし緊急事態が起こったら、まずはフライトアテンダントの指示を聞くこと、自分勝手な行動をしないことが重要だと思います。また、搭乗して席に座ったら、必ず安全のしおりに目を通し、少し長いかもしれませんが離陸前に流れる機内安全ビデオを見ていただけたらと思います。

(2)

空港周辺にいるティアドロップ型サングラスのおじさん、全員パイロット説

フライトごとに違うチームが組まれるため
CAとパイロットは顔見知りじゃない場合が多い
なので業務前にパイロットとステイ先のホテルですれ違っても
気づかない
しかし挨拶せずに後でパイロットに言われて
君さっきすれ違ったよね?
すみません…
気まずかったことがある
それからステイ先でパイロットっぽい風貌のおじさんを見かけると一応挨拶するようにしてる
おはようございます!
は?

作：せきの

第3章 トラベル編 現役CAが教える旅ハック

Ryucrewの五か条

三、失敗を自分なりにポジティブ変換する

後悔する事、辛い事があったら、そこから得たもの、学んだものを自分の強みにする。そんな大変なことがあったけど、今自分ちゃんと頑張って生きてるやん！強いやん！と。

エジプトでピラミッドを背景にラクダに乗ってきました

日本でも急増中！ ホテルにチェックインしたらまず確認したい、恐怖の害虫とは？

海外のステイ先では、ホテルにチェックインした際に必ず確認することがあります。それがベッドの四隅です。

自分の荷物をベッドに置いてリラックスする前にまず、ベッドメイクで織り込まれたシーツや掛け布団を引き剥がして、マットレスをチェックします。ここに何がいるのかというと、吸血性の害虫であるベッドバグ*です。

ベッドバグは基本的に、マットレスの四隅に多くいます。フライトアテンダントになってすぐの頃、先輩に「ベッドの四隅は絶対にチェックしいや」と言われて以来、欠かしません。

最近まで日本のホテルの場合はそこまで心配がないため、私も基本的にはチェックしなかったのですが（現在はチェックしています）、海外のホテルでは絶対にチェックしてほしいと思います。日本人のよく訪れるニューヨークやハワイなど、アメリカの有名スポッ

＊ベッドバグ
小さな昆虫で、主にベッドや寝具に生息し、人間の血液を吸って生きる。刺されるとかゆみや皮膚炎を引き起こす。トコジラミ、南京虫とも呼ばれる。

トは特に多いので注意してください。

また最近は、コロナ禍が落ち着いたことや円安の影響もあり、日本も海外からの観光客が増えていると思います。それはとてもよいことなのですが、その荷物に紛れ込む形で、知らないうちに海外からベッドバグを連れてきてしまい、日本のホテルでベッドバグが繁殖したというケースも、なきにしもあらずです。実際に、日本でもベッドバグに関する相談が急増しているようですから、心配な方はチェックしていただくとよいかもしれません。

ベッドバグは目で見える大きさなので、確認できたら、あるいはベッドバグがいなくても虫の卵のようなものや、人間の血を吸うことから黒や赤のシミになっていることも多いので、そうした形跡が確認できたら、すぐにフロントに電話して部屋を変えてもらうなどの対応が必要になります。

ベッドバグは繁殖力と生命力が非常に強く、いったんベッドや部屋に住み着くと、駆除することがかなり難しいといわれています。しかも夜行性のため、入念にチェックしない限り見つけることは困難です。

最近は、市販の殺虫剤が効かない、スーパートコジラミなるものが増えているそうです。その抵抗性は一般的なベッドバグのなんと1000倍だとか。その存在を確認できたとしても、肝心な駆除ができないなんて、恐ろしすぎますね……。

成虫のメスを1匹見つけたら、おそらくそのベッドには、ほかにもたくさんの仲間がいると考えて差し支えありませんし、ベッドの四隅にはベッドバグの卵が産みつけられていることもあります。これも成虫がどこかに隠れているサインといえます。

ベッドバグにかまれると、強いかゆみに襲われます。1か所だけではなく数か所にわたってかまれることが多いのも怖いところで、かまれてすぐよりも、2日目以降のほうが、かゆみはより強く出るといわれています。そしてその跡は1～2週間ほど消えずに肌に残るそうです。

大切なのは、自分の荷物をベッドに置く前に調べること。もしベッドバグがいたら、最悪の場合、自分の荷物の中に入ってきてしまいますので。

旅行の際に、キャリーケースやスーツケースを使う方は多いと思います。これらの荷物は、ベッドバグがいないことを確認するまでは、バスルームやバスタブの中に入れておくのがいいようです。ツルツルした場所やプラスチックの場所には、ベッドバグは来ません。そのため、いったんバスルームにカバンを避難させてからまずは部屋の中をチェックする。そしてベッドバグがいないことを確認して初めて部屋の中に持ってくるというクルーはとても多いです。

たとえ、ベッドの四隅を確認してベッドバグの生息が確認できなかったとしても、念のため、就寝中や部屋にいない間など、長時間にわたって自身の荷物をベッド上に置きっぱなしにしないことが大切です。特に、スーツケースの蓋を開けたまま放置すると、とても危険です。

もうひとつ、ベッドバグが好む場所があります。それが、荷物を置くバゲージラックです。折り畳み式で、荷物を置く面が布製のものがありますが、布面の裏側にベッドバグが潜んでいるという話も耳にしたことがあります。便利なラックではありますが、カバンを置く際にはお気をつけください。

そしてフライトアテンダントがベッドバグ対策としてよく使うものに、**ペパーミント系のスプレーや、水で薄めたハッカ油のスプレー**があります。これらのスプレーを、ベッドの四隅やスーツケースの周りなど、気になるところに吹きかけておくとよいらしいです。この香りはベッドバグだけでなく、ダニやノミ、ゴキブリなどにも効果があるといわれています。

エコノミーで最も快適なのはどこか？
目的に応じた快適座席を選ぼう

飛行機に乗るときの座席選びは、長距離フライトでは特に重要なポイントです。座席が快適でなければ、そのフライトは永遠にも感じられてしまいます。ここでは、良席と思われる座席の場所について、目的別にご紹介します。なお、今回のお話は、国際線のエコノミークラスを想定しています。

ビジネスパーソンや深夜便で目的地に向かう方で、機内でしっかり寝たい場合には、静かな席がいいですよね。**セクション（前後をギャレー*や化粧室、あるいは座席クラスを分ける壁で区切られたエリア）の中央付近の窓側、それも窓のない席**がお勧めです。窓がないので壁にもたれて寝ることができますし、特に深夜便の窓側は結構寒いのですが、それも窓がないので安心です。ただし、外の景色は見られませんので悪しからず。反対に、ギャレーや化粧室の近くは人の往来が多く騒がしいので避けたほうがよいと思います。

機内で映画を楽しみたい方は、バルクヘッド*席は避けましょう。前方に座席がない＝ス

＊ギャレー
乗客に提供する食事やドリンクを用意するため、機内に設置された厨房設備のスペース。
＊バルクヘッド
前方が座席ではなく壁になっている席。足元が広い分、座席指定料がかかることも少なくない。

クリーンがないので、アームレスト*から引っ張り出して見ることになります。それが好きな人であればよいのですが、使いにくいと感じることもありますし、離着陸時には必ず収納しなければならないので、ほかの座席よりも映画を楽しむ時間は短くなります。また、お客様が滞留しがちな化粧室周りの座席だと、順番待ちのお客様が背もたれをつかむことがあります。そうすると、つかんだ手がスクリーンに触れ、映画が中断してしまうことがあったりもします。

小さいお子様連れの方は、機体後方の席がお勧めです。前方は到着後に早く降りたい方やビジネスパーソンが乗っている印象があります。反対に後方は、小さなお子様連れの方が多いので、お子様が騒いだり泣いたりしても、必要以上に神経質にならずフライトを楽しめるのではないかと思います。最後部にはフライトアテンダントが待機するギャレーがあり、ミルク用のお湯をもらうといったときにも声を掛けやすいですよ。

また、機材にもよりますが、バルクヘッド席にはバシネット*といって、赤ちゃんベッドを取り付けることができるので、早い者勝ちにはなりますが、赤ちゃん連れのお客様にお勧めです。

そして機内食ハンターのお客様は、機体前方がお勧めです。機内食は前方から順に提供

＊アームレスト
座席の両側にある腕掛け部分で、乗客が座席に快適に座るための支えとして機能する。
＊バシネット
乳幼児用のベッドのことで、長距離フライト中に乳幼児が安全に眠れるよう、座席の前部に取り付けられる。

されるため、前方のほうが品切れになって選択肢が狭まることがないからです。食べ物の恨みは怖いですからね。「絶対これを食べるで。なかったら許さへんからな」という方は、前方に座りましょう。「なんでお肉がないねん！」ということもなく、お客様にとっても、サービスするフライトアテンダントにとってもハッピーです。

なお、私が個人的に好んで座るお勧めの席は、**「①ギャレーや化粧室から離れた、②機体後方の、③バルクヘッドではない、④中央列通路側座席」**です。

はい、「なんのこっちゃ」ですね。

ギャレーや化粧室から離れたほうがよいのは、先にもお話しした通り、騒々しいのを回避するためです。②については、エコノミークラスは機体中央と後方、２つのセクションに分かれていることが多いのですが、前方の席から埋まっていくことが多いからです。便にもよりますが、比較的空席が多い後方は狙い目です。

③のバルクヘッド席は足元のスペースが広く快適ではありますが、離着陸時に手荷物をすべて頭上の収納棚（オーバーヘッドビン）に入れなければならない点や、アームレストが固定のため隣の席が空いていてもスペースをゆったり使うのが難しい点、そしてせっか

くの足元の広々スペースが他のお客様のストレッチエリアや化粧室の待合所と化す点などから、私としては避けたい席です。そして④は、中央列のさらに真ん中席は人気が低く、最後の最後に埋まっていくので、満席でない限り中央列の真ん中席、つまり隣の席が空いている可能性があるからです。

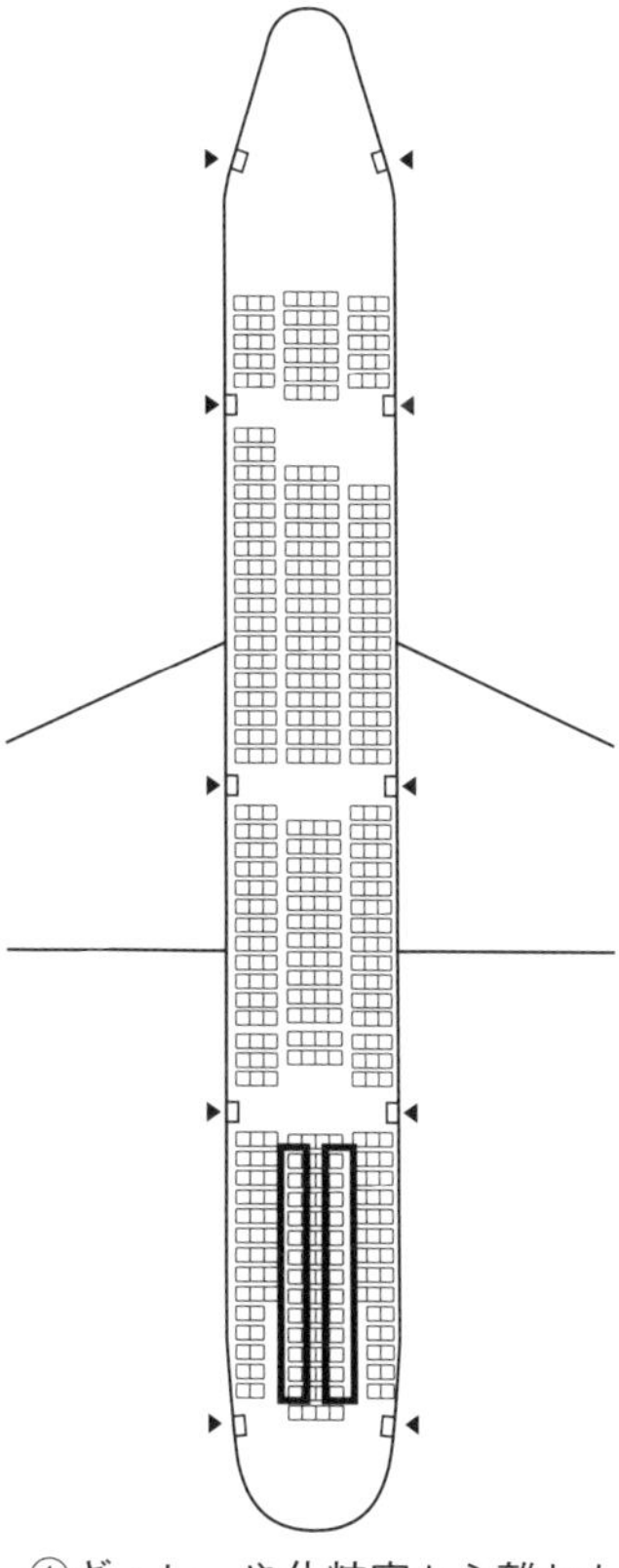
①ギャレーや化粧室から離れた
②機体後方の
③バルクヘッドではない
④中央列通路側座席

シートの隙間に落ちたものは自力で取らない！
機内で気をつけたいNG行動

2〜3年ほど前、スマートフォンやモバイルバッテリーなどに使われているリチウムイオンバッテリーが、衝撃を加えることによって出火するケースが多数発生したことを受け、最近になって、各航空会社でアナウンスに追加されたことがあります。それは、**携帯電話やスマートフォン、モバイルバッテリーがシートの隙間に落ちてしまったときには、自分では絶対に取ろうとせず、必ずフライトアテンダントを呼んでください**というものです。

飛行機の座席シートは、一見すると単純な構造に見えるかもしれませんが、隙間に物が滑り込むと、意外に変なところへ入り込んでしまうことがあります。自分では絶対に取れないようなところに入ることも少なくありません。お客様が隙間に落ちたスマートフォンを無理やり取ろうとして破損させてしまい、火が出たという事例も実際にあったようです。

また最近は、フライトのたびに必ず1〜2件は起こるのが、AirPods*のようなワイヤレスイヤホンがシートの隙間に入り込んでしまうこと。これは、現役クルーの多くが

＊ AirPods
Appleが開発したワイヤレスイヤホンで、Bluetooth接続を利用し、iOSデバイスとのシームレスな接続を提供する。

「そうそう！」と、大きくうなずいてくれると思います。電車に乗ったときも、ホームから線路内に落としてしまって、駅員さんを呼ばれる方がいると聞きますが、飛行機でも本当によくあって、と言いますか、ワイヤレスイヤホンの浸透により最近急増しています。

スマートフォンやモバイルバッテリーよりもさらに小さなイヤホンですから、これが隙間に入ってしまうと、まず自力では取れません。場合によっては、フライトアテンダントでも取ることができない場所に入り込んでしまうこともあります。そうすると、着陸後にメンテナンスのスタッフを機内に呼び、シートを外して救出作業にあたることになります。

ワイヤレスイヤホンはそれなりの値段がすることもあって、皆さん、絶対にあきらめようとはされません。深夜便で機内の照明を落として暗いなかで、スマートフォンのライトを照らしている人がいて、「どうしたんやろ？」と思ったら、ワイヤレスイヤホンを一生懸命探していたということもありました。ガサゴソとしているので、寝ている周囲のお客様を起こしてしまわないか、思わず心配にもなります。

気持ちはわからなくもないのですが、紛失のリスクを回避するためにも、機内で音楽や映画をワイヤレスで楽しみたい場合には、左右のイヤホンがコードでつながったタイプのものやネックバンド式のもの、あるいはヘッドホンのように隙間に落ちる心配がないものにしていただくと、不要なストレスを回避することができるかもしれません。

本当に毎フライトのようにあるので、機内でワイヤレスイヤホンを使われる場合には、どうか気をつけていただきたいと思います。そもそも座席の隙間って決してきれいなものではないので、万が一、耳に直接入れて使うイヤホンがシートの隙間に落ちたら衛生的にも気になりますしね。

そのほかに、機内で絶対に控えていただきたいのが喫煙です。至極当たり前のことなのですが、愛煙家にとって長時間フライト中の禁煙は苦痛なのか、機内が禁煙化されて何十年経った現在でも、ごく稀に化粧室でこっそりタバコを吸う方がいらっしゃいます。

化粧室でタバコを吸うと、アラームが鳴る仕組みになっているので隠し通せません。証拠となる吸い殻を隠すこともありますが、匂いでわかりますし、同じ人が化粧室に入って2回アラームが鳴れば、誤作動であることは考えにくいので、証拠がなくてもアウトです。実際に問い詰めて、白状されたお客様もいました。

着陸後は警察のお世話になることになります。**飛行機のドアが開くと、お客様が降機するよりも先に警察が突入し、タバコを吸った乗客を連行します。**私もこれまで乗務中に2度ほどありました。先に本人にそのことを通達してしまうと逆上されたり、さらに行動が悪化したりする恐れもあるので伝えずに、着陸後にアナウンスですべてのお客様に「次のご案内があるまで、今しばらくお席でお待ちください」と伝え、あとはドアが開いて警察が機内に入ってくるのを待つのです。

もちろんこの本を読んでくださっている方にそのようなことをされる方がいらっしゃらないことは百も承知ですが、そのくらい機内でタバコを吸うことは重大な罪になることを知っておいていただければと思います。

ちなみに、化粧室にタバコの吸い殻入れ（灰皿）のような小さなポケットがついているのですが、これは、ダメとわかっていながらタバコを吸ってしまった人が、吸い殻を入れる場所です。吸い殻をゴミ箱に捨てたり、トイレに流したりして証拠隠滅を図られるよりはマシということで、念のために設置されているにすぎません。当たり前ですがタバコを吸ってもいいということではありません。前述の通り、どうせ隠し通すことはできないので、それならポケット（灰皿）に吸い殻を捨てた上で、「すみません、我慢できずにタバコを吸ってしまいました。吸い殻はここに入れました」とフライトアテンダントに自白していただくほうが、おそらく罪は軽いと思います。

もちろん電子タバコもNGなので、喫煙される方はご注意ください。

旅好き必見！
誰でもお得に旅する方法

海外旅行へ行くとき、「この時期に、この日程で、ここへ行きたい！」とスケジュールや行き先を決めてから行く人が多いのではないかと思います。けれども、すべてを完全に決めてしまうと、旅行にかかる費用は高くなります。

例えば「ここの予定が空いてるから、どこか行こか」となったときに、「前から行きたいと思ってたんよな」と、行き先を決めてから計画を立ててももちろん構わないのですが、そうすると航空券の数は決まっていますから、あとはその値段を毎日のようにチェックし、安くなるのを見計らって予約するしかありません。

お勧めは、旅行の時期が決まっているなら、行き先はあえて決めないことです。最近のツアーサイトでは、時期だけ決めて、行き先はどこでもＯＫにして検索することができます。そうすると、指定した期間で行くことのできる世界中の国が、価格の安い順に出てきます。まったく候補になかった国も出てきますが、安く行ける穴場が見つかることもあるので、旅行の予算を抑えながらも旅の可能性が広がります。

反対に「旅行へ行くならここ!」と**行き先が既に決まっている場合は、経由便を利用するる**のがお勧めです。行き先が決まっていると、直行便に限定して調べがちです。しかも、経由便は乗り継ぎが悪いと、次のフライトまで十数時間空くというようなケースもありますよね。でも、あえてそれを狙うのです。

乗り継ぎ便が翌日出発なら、航空会社によっては無料でホテルを手配してくれたり、経由地ツアーを提供してくれたりすることがあります。目的地のほかに、タダで1カ国旅行できるわけです。

私が旅行するときは、あえて乗り継ぎがスムーズな便ではなく、7~8時間空くような便にすることがあります。そのくらいの時間があれば、日中に経由地を観光してから本来の目的地へ行くことができます。経由便は直行便に比べて安いですし、観光できる国や場所が増えるという点でも、旅行好きにお勧めです。

経由便を使った旅で印象に残っているのがトルコ。10年ほど前にターキッシュ エアラインズを利用して、イスタンブール経由でイタリアのローマへ行ったことがあります。今はわかりませんが、当時のターキッシュ エアラインズは、トルコを経由すると1日無料で観光をつけてくれました。送迎や昼食までついていて、とてもよかった記憶があります。

また、ツアーを出してもらったわけではありませんが、香港や台湾もよく経由していました。カナダから日本へ一時帰国する際に経由して1泊するのです。台湾はオシャレかつきれいな格安ホテルやドミトリーが台北駅周辺や市内中心部にたくさんありますし、安くておいしいグルメも魅力的です。

また、旅行を計画するときに、比較サイトを使って調べることが多いと思うのですが、検索結果の一覧が出てきたときに、一番安いのが航空会社直系のウェブサイトなら、航空会社のホームページから直接買うのが、万が一のトラブルがあったときのアフターケアの面でお勧めです。第三者の旅行会社を経由してしまうと、天災など予期せぬ欠航の際などに対応できないケースが多々ありますので。

なお、航空券の料金設定はダイナミックプライシング*です。比較サイトはアクセスが集中しやすい夕方などの時間帯だと、値段が上がることがあるようです。やむを得ないこともありますが、検索する時間帯を意識することも、お得旅につながるかもしれません。

それから、これも既によく出回っている情報ですが、旅行サイトや比較サイトは同じパソコンのＩＰアドレスを使って検索していると、「この人はこの航空券が欲しい人やねん

＊ダイナミックプライシング
需要と供給の変動に応じて価格を自動調整できる仕組み。
＊キャッシュ
ウェブページやファイルの一時的な保存領域で、再度アクセスする際に高速に読み込むことができる。

な」とウェブサイトが学習し、値段が上がっていくことがあるらしいです。検索をするときはプライベートモードで見るか、キャッシュ*を一度消去してから再度検索してみてください。IPアドレスを別の国に変更するVPN*サービスを利用するのも手です。物価が安い国は、航空券も安めに設定されていることがあります。

あとは、普段からマイレージ*を活用されている方ならご存じだと思いますが、提携する航空会社でも貯めたマイレージを使うことができます。そして、自身で貯めている航空会社の便よりも提携する航空会社で予約したほうがマイレージがお得に使える場合が多いです。

仮にマイレージを使ってA社に乗りたいとなったときに、A社のマイレージで乗ろうとすると、たくさんのマイレージが必要になります。けれども、**例えば提携する航空会社であるB社のマイレージを貯めておけば、同じA社の便でもA社のマイレージを使うより少ないマイレージで乗ることができる**のです。同じ便でも、自身がマイレージを貯めている会社か提携会社かで、必要なマイレージが半分くらい違うこともあります。

普段はあまり飛行機に乗る機会がないという人なら、この裏ワザを覚えておくとよいかもしれません。

＊VPN
インターネット上で安全な通信を確保するためデータを暗号化し、ユーザーのプライバシーやセキュリティを保護する技術。例えば、中国ではVPNがないとYouTubeが閲覧できない。
＊マイレージ
航空会社のポイントプログラム。航空会社のマイレージで貯まるポイントのことを“マイル”という。

一言の差で、伝わる印象は大きく違う 英語のコミュニケーションで意識しておきたいこと

海外へ行くと、外国語でコミュニケーションをとる必要が出てきます。発音がうまくないとか、文法が間違っているといったことは、大きな問題ではないと個人的には考えています。極論をいえば、伝わればOKです。ただ、ちょっとした言葉の選択や表現に気をつけるだけで、相手の心証がグッとよくなると感じることがあります。

日本人がよく使うのが、〝Sorry《ソーリー》〟という言葉です。ご存じの通り、「すみません」「ごめんなさい」という意味です。日本語でコミュニケーションをとるとき、「すみません」と言うのは、決して珍しいことでも、特別なことでもありません。日常でも使うことはあると思いますし、耳にする言葉でもあると思います。

しかしながら、その感覚で〝ソーリー〟を多用することは、避けたほうがいいかもしれません。**英語がネイティブではないことも手伝って、事あるごとに〝ソーリー〟と口にしていると、相手に舐められてしまう可能性があるからです。**

北米では、日本に比べると〝ソーリー〟はあまり使いません。なぜなら自分の非を認めたことになるからです。謝ることに関しては、日本人に比べてかなりシビアに考えられています。

こちらに長く住んでいると、ルールがあるような場所でも強く言った者が勝つという世界があることに気づきました。ビジネスシーンでも日常生活においても、「私はこうだ！」と自分の意見や意思をはっきり堂々と強く言った人が最終的には勝つというところがある気がします（もちろん日本でも接客業などにおいてお客様が理不尽な要求を強く言い通して、店側が折れるみたいなことはありますが）。〝Sorry〟と安易に口にすることで、「この人、チョロそうやなあ」と、都合よく使われてしまうこともあるかもしれません。さらに職場であれば、何かを要求されたり、「頼めばやってくれる」と認識されたりしてしまうのです。私も、カナダでフライトアテンダントとして働き始めたばかりの頃は、自分にできないことがあると、つい〝ソーリー〟と言ってしまっていたのですが、そうすると変に舐められてしまうことを実際に経験しました。日本では、謙虚さや素直さが美徳とされる文化がありますが、海外ではそれが、むしろ仇《あだ》になることも多いと感じています。謙虚であればあるほど、それを相手の都合のいいように理解されてしまうことがあるのです。

謝罪の意味ではなく、相手に許可を求めるような場面、例えば人混みをかき分けて進むときに、通してほしいという意思表示で用いる「すみません」は、〝ソーリー〟よりも〝Excuse me《エクスキューズミー》〟が最適です。あるいは、謝罪よりも感謝を伝える。日本語でも、何かしてもらったときには「すみません」よりも「ありがとう」のほうがいいといわれることがあると思います。ここはぜひ、〝Thank you《サンキュー》〟と伝えてみてください。

そのほかに、機内でもよくあるのが〝Please《プリーズ》〟をつけないケースです。頑張って英語で伝えようとするのですが、〝Coffee《コーヒー》〟とか〝Orange juice《オレンジジュース》〟とだけ伝えて、〝プリーズ〟をつけないことで、品がないように聞こえたり、上からものを言っているように聞こえたりしてしまいがちです。**言われたフライトアテンダントがピリッとしているように見えることも稀にあるので、基本的には〝プリーズ〟をつけておけば間違いない**、くらいに思っておくとよいかもしれません。

日本語でも一緒で、「オレンジジュースください」と言うのと「オレンジジュース」とだけ言うのでは、心証が異なりますよね。

北米では、その点をシビアにとらえている人も結構多く、ただ〝オレンジジュース〟とだけ言われたら、フライトアテンダントが〝プリーズ？（プリーズは？）〟と言ったり、サービスを受けてお客様が〝サンキュー〟と言っていないのに、〝You're welcome《ユアウェルカム》〟とわざと言ったりすることがあります。これ、ホンマにただの嫌味なんですけど、これまで何度かそういう状況を機内で目の当たりにしたことがあります（日本のエアラインだと考えられない状況ですよね）。ただ面白いのは、北米だと、そのように言われたお客様もそれに対して「おい、何言ってんだ！」と怒るのではなく、慌てて、〝Oh, sorry. Thank you.〟と返す方もいらっしゃることです。

日本と違って、**察したり、空気を読んだりする文化ではないので、きちんと言葉にしないと伝わりません。**ですから、もし外資系の航空会社を利用される予定のある方で、外国人クルーと英語でコミュニケーションを取りたいなと思われる場合には、とても簡単な一言ですし、つけたら全然（伝わり方が）違いますので、あえて意識して使ってみられるのもおすすめです。

ただ私たちにとって英語は第二言語なので、やはりそこまで細かいことは気にせずに、とにかく笑顔で相手に伝えることが一番大切だなと強く思います。

(3)

なんでや

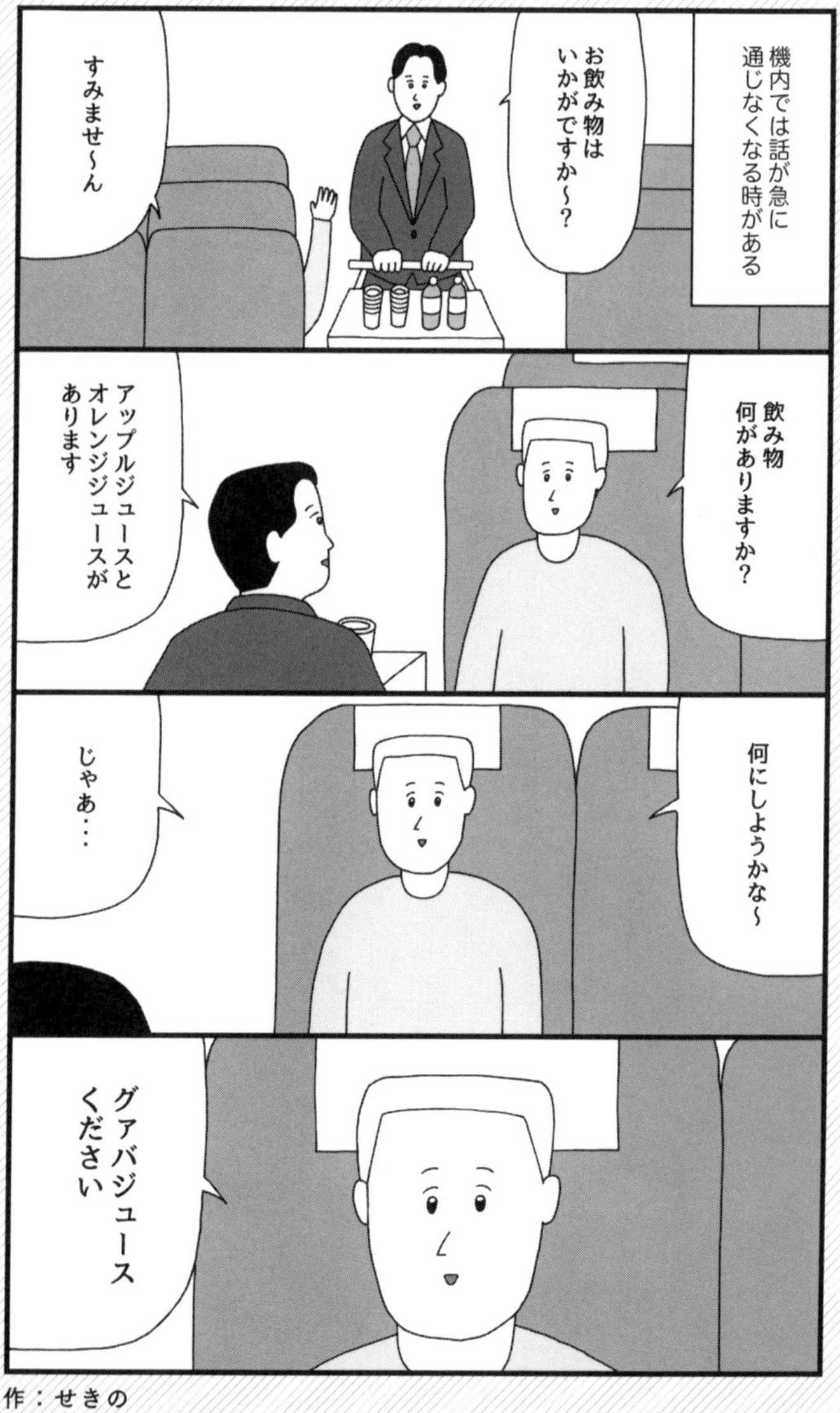
機内では話が急に通じなくなる時がある
お飲み物はいかがですか～?
すみませ～ん
飲み物何がありますか?
アップルジュースとオレンジジュースがあります
何にしようかな～
じゃあ・・・
グアバジュースください

作：せきの

第4章 ライフ編 〝自分らしい生き方〟へのノンストップ直行便

Ryucrewの五か条

四、他人のペースに合わせず、惑わされず、自分のペースで

仏教の教えのように輪廻転生もあるかもしれませんが、この人生は一回限り、いつ終わりがくるかも分かりません。人生の主人公はあくまで自分。自分の心地いいペースで生きて。周りに変わり者と言われても、それが自分なんですもん。

アテネから1デイクルーズで立ち寄った美しい島での一枚

それぞれに特徴のある世界各国の空港
大きな空港では乗り遅れに要注意！

お得に旅をする方法のなかで、経由便の使用についてお話ししました。あえて乗り継ぎの時間を長くして、経由地を楽しもうということでしたが、それは余裕をもって飛行機を乗り継ぐためにもお勧めしたいところです。

北米やヨーロッパの空港は、アホほど広いことが多く、乗り継ぎをするにはとても不便な面があります。少なくとも2時間はみておかなければなりません。**航空業界で働いていて、何度も利用してよく知っているとか、乗り継ぎの段取りを完璧に理解しているという人でもない限り、30分で乗り換えというのは、まず無理と思ったほうがよい**と思います。

アメリカの空港はどこも大きいのですが、ロサンゼルス国際空港やサンフランシスコ国際空港は、空港内がショッピングモールのようになっています。そこで過ごす分には楽しいと思うのですが、乗り継ぎに関してはターミナルがたくさんあり、とにかくややこしいですし、セキュリティチェック*や出入国審査*は間違いなく行列ができていて、効率は悪い

＊セキュリティチェック
保安検査。搭乗前に、手荷物や小物類に危険物がないか、検査が行われる。機内への持ち込みが不可なものは没収されるので、要注意。

といわざるを得ません。

私が個人的に好きなのは、オランダのアムステルダム・スキポール空港です。ヨーロッパの空港は、実はあまり好みではないのですが、私にしては珍しく、アムステルダム・スキポール空港は結構好きですね。チューリップのグッズを売っているなど、オランダ色があふれているのが特徴で、とてもかわいい空港です。やっぱり広いので、飽きることもありません。また、チーズのお店がめちゃくちゃあって試食ができたり、ミッフィーのお店があったりなど、きっと日本人なら好きな感じではないかと思います。

でも実は私がやっぱり一番大好きな空港は関西国際空港です*。私にとってあの空港こそが、頭の中でいつもイメージする空港です。到着するとホッとし、出発する時はワクワクしたり、しんみりしたりする場所です。最近はコロナが収束し、2025年に開催予定の関西万博に向けて海外からの訪日客の増加を期待して、大幅にターミナルがリニューアルされています。新しい関西国際空港へと変化しつつありますが、昔の関空の姿が変わっていくのはどこか寂しい気もします（勝手な感想ですみません）。

また、飛行機に乗る際、空港では時間に気をつけてください。日本だと、時間ギリギリで空港に行っても、チェックインが済んでいれば、どうにかして飛行機に乗せてくれよう

＊出入国審査
有効なパスポートと航空券を提示し、審査官がパスポートと本人を照らし合わせながらチェックする。入国の際には、過去の入国記録やパスポートの残存有効期間を調べて入国を許可するかどうかが審査される。

＊関西国際空港
1994年9月4日に開港。大阪湾に浮かぶ人工島に位置し、日本で最も重要な国際空港のひとつ。近代的な設備と技術を備え、アジア各地への便が充実。

とします。「○○行きにご搭乗のお客様〜」とアナウンスが流れ、スタッフの方が走り回って搭乗予定のお客様を探している光景を目にすることもあるのではないでしょうか。

手荷物を預ける空港カウンターや、保安検査場が長蛇の列をなしていても、あまりにも時間がない場合グランドスタッフの方が同行して優先的に通してくれたりすることもあります。むしろ、スタッフから声を掛けていることのほうが多いかもしれません。

北米では、そうした対応は基本的に一切ありません。

たまたま対応してくれたスタッフがいい人で、お願いしたら通してもらえたということもあるかもしれませんが、それはむしろイレギュラーな対応だと考えてください。どうにかしてでもお客様を見つけて、その便に乗せてあげようということは普通ありません。

「セキュリティチェックに長い行列ができてたから、間に合わへんかったんやけど！」と訴えたところで、「いや、そんなんもっと早く来とったらよかったやん」の一言で終わりです。あくまでも自己責任となり、普通に乗り過ごすことになります。

そのため、日本で飛行機に乗るときの感覚は、海外では捨てる必要があります。日本でもそうですが、海外では特に時間に余裕をもって行動しておかなければなりません。

特に、**初めて行く空港は混雑状況などがよくわからないので、慣れているはずの私でも**

いまだに緊張します。

空港で過ごすことに関連した話で、フライトまでの時間を快適に過ごすことができる空港ラウンジがあります。主要空港には大抵設置されていて、軽食や飲み物、Ｗｉ－Ｆｉや充電器の利用（いいラウンジだとシャワー）などが可能です。

北米の航空会社はよくも悪くも乗務中以外の行動に関して比較的ゆるゆるなルールの会社も多いため、クルーがクレジットカードの付帯するラウンジパスを持っていることが多くあります。これは会社から支給されるわけではなく、あくまでも個人で所有しているものので、私も持っています。というのも、クルーにはコミューター*が多くいるからです。コミューターの人は、自分の乗務が終わって、ベースの空港から自宅のある空港へ帰る便を待つまでの間など、よくラウンジに行って時間を潰したりします。実際、北米の空港のラウンジへ行くと、制服を着たパイロットやフライトアテンダントがよくいます。そこでゆっくりとくつろいでいるクルーもいるかもしれませんが、もちろん彼らは乗務を終えた後だったり、出勤前のクルーで、勤務中というわけではありません。

＊コミューター
航空業界では飛行機を利用してベースの空港に通勤するクルーのことを指す。

英会話を上達させるポイントは「語彙力」「緊張や羞恥心の克服」

英語が話せることは、世界中の人とコミュニケーションをとる上では、とても重要な要素だと思います。グローバル社会の現代では、英語が話せることはむしろ特別なことではなく、当たり前という流れもあるかもしれません。

カナダで生活し、外資の航空会社でフライトアテンダントとして働くためには、英語が不可欠です。とはいえ、私はもともと英語学習が好きだったわけでも、頑張ったわけでもありません。必要に迫られて習得しなければならなかったわけですが、そのなかで、個人的に上達するためのポイントがいくつかありましたので、この場でシェアさせていただければと思います。

英語の上達のためには、単語とイディオム*が一番大切だと思います。文法どうこうではなく、単語とイディオムの知識量が豊富で、それらをきちんと聞き取ることさえできれば、文脈はなんとなく想像がつくものです（そう信じたいです）。そうなれば話の本筋がそこま

＊イディオム
熟語・慣用句の意。言葉やフレーズの意味がそのままの意味とは異なり、文化や言語の特性に基づいた固有の意味を持つ表現。

で大きくずれることはありませんし、まったくの見当違いをすることも少ないかと思います。私もまずは、単語とイディオムを徹底的にたたき込み、語彙力を身につけました。

文法について学ぼうとすると、時間がどれだけあっても足りないという印象があります。語彙力も、伸ばそうと思えばキリがないのですが、ある程度習得できると、相手の言っていることを理解できるようになりました。

また、**自分の得意分野の話や、よく聞かれるような話は、会話をシミュレートしておいて、何か聞かれたら、すぐに返せるような会話文を記憶しておく**と、少しは安心感があります。なんなら丸暗記しておくくらいで構いません。

そうすることで、自分にとって不得意な話題や、理解が追いつかない会話を振られたときに、自分の得意分野に話を持っていくこともできます。会話のキャッチボールが生まれると、意図的に「今結構、話せてるやん」「ちゃんと伝わってるし！」と、自信もつくはずです。

実際に留学を経験した私がよく聞かれたのは、日本についてでした。日本はどういう国なのか、日本で人気のスポーツは何か、といったことは十中八九聞かれるので、毎回同じ返答をすることにはなりますが、ペラペラとしゃべれるようにしていました。

最近は、YouTubeでも英会話や英語学習系のチャンネルがいろいろとありますし、英会話アプリもたくさんあります。

そういった教材やアイテムを活用して学習する場合には、自分にとって都合のいいタイミングで手軽に学習を進めやすいものや、楽しく学べるものなど、自分に合っているものを選ぶのがよいと思います。

ひとつだけ、最初からいきなりオンラインで英会話の先生と話すという勉強方法は、やめておいたほうがよいと私は感じています。日本語を話せる先生で、日本語でもコミュニケーションがとれればまだいいのですが、オンライン英会話は基本的にネイティブの先生が相手なので、緊張しやすいですし、そこでうまく会話ができないと、自信を失ってしまうだけです。

ましてやオンラインでの授業ですので、話が聞き取れず、またうまく伝えられずにサイレントの時間が続いてしまったときは地獄に感じてしまうかもしれません。むしろ苦手意識をより強くする印象がありますし、長続きもしない印象です。

私が一番英語が伸びたと感じた方法は、ホームステイ先が一緒だった外国人留学生と会話をすることでした。

私は最初のホストファミリーとの相性があまりよくなくて、1カ月ほどで変えてもらったのですが、移った先の高齢のご夫婦の家には、私のほかにも留学生がホームステイしていました。語学学校で仲良くなった韓国人の女の子も一緒で、よく英語でコミュニケーションを取っていたのですが、彼女は留学期間が4カ月だったので、途中で帰国してしまいました。

彼女と入れ替わるように、年上の中国人男性がやって来ました。カナダの大学を卒業し、大学院へ進もうとしているだけあって、英語はペラペラでした。彼と出会ってから英語がグングンと伸びましたね。

留学生同士なのでそんなに気を使わないですし、同じアジア人なので緊張しなかったのもよかったと思います。とてもきれいな英語を話していたので、吸収しやすかったですし、よく教えてもらっていました。

日本人の留学生が相手だと、どうしても日本語を使ってしまいがちですし、なんとなく「間違った英語を話したら恥ずかしい」という思いがどこかにあったりします。それに、英語のレベルが結局同じくらいなので、上達するまでには至らないというのが実際のところだと思います。

「フライトアテンダントが副業をするときホテルで働くのが最強」という説

航空会社にもよりますが、私の会社では、同業種でなければ副業が認められています。そのため、私は乗務復帰後もＹｏｕＴｕｂｅを続けることができていますし、それによって収入を得ることも問題はありません。

スケジュールがある程度自由に組める仕事なので、副業をしているクルーは多く、その職種はバラバラです。事務職という人もいれば、学童保育の先生をしている人もいました。余談ですが、カナダの小学校は始業時間まで学校に入ることができません。そして15時には終了するので、親が共働きの家庭やシングルファーザー、マザーの家庭では、日本と同様、早朝や放課後に学童保育を利用するのだそうです。

副業のなかでも、航空会社のスタッフにとってベストの副業は、ホテルで働くことだといわれています。客室清掃でも、宿泊予約対応でも、レストランスタッフでも、職種は問いません。というのも、**大手のホテルで働いている人は、世界中にある系列ホテルに泊ま**

りたい日程で空室があれば、従業員レートで宿泊できる素敵な特典が存在するからです。

これによく似たもので航空会社に勤めていると、福利厚生の一環として、予定されている乗客が全員搭乗した後に空席があれば搭乗することができます。これをスタッフトラベルと呼んだりします。航空会社にもよりますが、自社便なら空港税以外は無料だったり、提携会社便なら割引価格で乗ることができることが多いかと思います。ホテルの従業員も同様に、系列のホテルに空室があれば、ハイクラスのホテルでもかなり安価に宿泊することができるそうです。

航空会社のスタッフは、スタッフトラベルを利用して旅行へ行くときに、事前にホテルを予約することはしません。スタッフトラベルを活用する場合、空席状況によっては希望する便に乗れないことがあるからです。そのため、無事飛行機に乗ることができ、座席が確保できてから、ようやくホテルを予約することになります。このときに、副業としてホテルで働いていると、これもまた旅行先ホテルの空室があれば泊まることができるので、早めにホテルの予約をする必要もありません。フライトと宿泊が安くなるということで、航空業とホテル業は非常に相性がよいのです。

航空会社とホテルの仕事を掛け持ちしている人は結構います。あるいは夫婦で、一方は航空会社に、もう一方はホテルに勤めているというパターンもあります。旅行好きにとっては完璧な組み合わせで、とてもお得に旅行できます。

私が旅行へ行くときは、ホテルの従業員レートは利用できませんが、航空会社の福利厚生であるスタッフトラベルは利用することが多くあります。空席があるかどうかは、本当に直前までわからないので、旅はいつも出たとこ勝負です。

ＹｏｕＴｕｂｅでも旅の様子を紹介していますが、あまり詳細なプランを立てていないのは、このスタッフトラベルを利用しているのが理由のひとつです。飛行機に乗れない可能性もあるので、例えば「この日に、現地ツアーを予約しよう」と思っても、できないのです。予約したところで飛行機に乗れなければ、キャンセル料を取られるか、キャンセル不可だと支払ったツアー代金がまるまる返ってこない可能性があります。そのため、いつもギリギリに予定が決まります。

ペルーのマチュピチュ*に行ったときにも、スタッフトラベルを利用して、無事に飛行機に乗った後に現地ツアーの予約をしたら、ギリギリの予約だったために、前日にキャンセルされてしまいました。もっと事前に予約していれば安全だったと思うのですが、そういうわけにもいかず、結局現地に到着してから申し込めるツアーを探し回るハメになったの

＊マチュピチュ
ペルーのアンデス山脈に位置する古代のインカ帝国の遺跡で、世界遺産に登録されている。山の頂上にある遺跡は、インカの宗教的な聖地や宮殿として知られており、観光客に人気がある。

でした。普通にスケジュールを組んで旅行へ行かれる方ならば、日にちがわかっているので、現地ツアーは絶対に早く予約すべきです。早く予約することで割引を受けられることも多いですしね。

また、**スタッフトラベルを利用する場合、行くには行けたけれど、帰りの便の座席が確保できず帰ってこられない……というケースも考えられます。**そこはあらかじめ覚悟の上でのスケジューリングが必要です。休みが5日間あるなら、5日間をフルに使うのではなく、少なくとも4日目には帰るつもりで予定を立てます。

やっとの思いで到着したマチュピチュ

オーバーブッキングが不安な人はお早めのチェックインをお願いします

以前、アメリカの航空会社で起きた騒動が世界中に大きく取り上げられ、日本でも話題に上がったことがあるかもしれませんが、航空会社の多くは「オーバーブッキング」*という、フライト時の空席をできるだけ少なくし、また収益を最大化するため、航空会社側がお客様の直前のキャンセルや、ノーショー（当日、何かの理由で空港にいらっしゃらないこと）、また乗り継ぎ便の遅延で乗れないお客様の発生を見越して、本来の座席数よりも多く航空券を販売することがあります。ところが、推測していたよりもキャンセル数が少なかったときには、座席数が足りないため乗れない人が出てくるのです。

ちなみに、座席数以上の販売をすることはルール違反ではありません。日本を含む世界各国の法律で認められています。航空会社の正当な権利になりますから、オーバーブッキングは国内外を問わず日常的に起きているのが実状です。

オーバーブッキングが起こったとき、航空会社はお客様に対して協力金や協力マイル、

＊オーバーブッキング
予約のキャンセルや欠席を見込んで、実際の座席数を超える数の予約を受け入れること。

代わりの交通手段を提示することで、自主的に便の変更に応じてくれるお客様（ボランティアといいます）を募るのが一般的です。もしかすると空港のゲートでこのボランティアを探しているアナウンスを実際に耳にされたことがある方もいらっしゃるのではないでしょうか？

ご自身のスケジュールに支障をきたさないのであれば、ボランティアを申し出ることで特典を得るのも、アリではないかと思います。

もちろん、ボランティアの申し出がないこともあります。その場合には、航空会社にもよるので一概には言えませんが、チェックインが遅かった人や、保安検査場を通過するのが遅かった人が対象となる場合があります。

搭乗券を見ると、チケットの下のほうに〝seq〟と記されています（記載がないケースもあります）。これはシークエンスナンバーといって、そのフライトにチェックインした順に基本的には割り振られる番号です。

例えばオーバーブッキングで、どうしても3～4人ほど降ろさなければならないというときには、絶対ではありませんが、基本的にはseqナンバーの大きい人、つまりチェックインの遅い人が対象になることがあります。フライト後の予定を変更することができない場合など、対象になることを回避したいのであれば、チェックインは早めにすることをお勧めします。

ボランティアの有無は、季節にもよります。北米だとクリスマスの時期は家族と過ごす予定が決まっていることが多く、原則、絶対この便に乗りたいという人ばかりです。そうなると、チェックインのタイミングが大きなカギを握ることになります。

チェックインというと、ひと昔前までは早く空港へ行って、航空会社の有人のチェックインカウンターに並び、そこでパスポートチェックや、座席の確認、選択などを行うことが一般的でしたが、最近はオンラインチェックインが主流となっています。オンラインチェックインは通常、搭乗の24〜48時間前から開始されます。このタイミングで座席指定する場合は、早ければ早いほど座席の選択肢は増えますし、オーバーブッキングでやむを得ず搭乗拒否されてしまうリスクも減らすことができます。

ただLCCではオンラインチェックインをそもそも実施していない会社もあります。また、大手の航空会社でも、チケット購入時に座席指定をすると、指定料金を支払わなければならないケースはなきにしもあらず。チェックイン時には無料で座席指定ができるので、やはりチェックインは早めが鉄則と考えてもらってよいかもしれません。チェックイン開始と同時にまずは窓側、通路側、そして前方の席と、順に埋まっていきますから、流れに乗り遅れると、満席の場合、中央列のさらに真ん中の席に座らなければならない……ということになってしまいます。

ちなみに、早めにオンラインチェックインをしようとすると、ブロックされている、要はまだ開放されていない座席、エリアがあるケースが稀にあります。その場合には、その時点で選択できる座席からひとまずよさげな席を選んでおいて、フライト直前にもう1回座席指定のページをチェックすると、選べなかったはずの席が開放されていることがあります。最初のチェックインで指定した席が微妙なときは、こまめにチェックしてみると、いいことがあるかもしれません。

また、一度オンラインチェックインしておけば、チェックインした時間は最初のもので記録されます。そのあと再びチェックインのページにアクセスして座席を変更しても、seqナンバー(チェックインした順に振り分けられる番号)が変わることはありませんので、ご安心ください。

誰もが休みたいクリスマスこそ稼ぎどき 万全な風邪対策でフライトに挑みます

数ある年間行事のなかでも、日本におけるメインイベントといえば、やっぱりお正月ですよね。それに対して北米は、クリスマスが一番のイベントです。

クリスマスからお正月にかけての期間を、ホリデーシーズンといいます。クリスマスの盛り上がりを引きずりつつ迎える大晦日（こちらではニューイヤーズイブと呼びます）は、北米の場合、日本とは違い家族と過ごすのではなく、友達とカウントダウンイベントに行ったり、パーティーを開いたり、逆に特に何も大きなことはせず過ごす人もいるような印象です。カナダの各地ではカウントダウンで新年を迎えたと同時に花火があがったりもします。そして元日は、日本と同様にカナダも祝日なので、お店や施設も休業していることが多いです。そして1月2日には正月気分は一気に終わり、またいつもの日常が戻ってきます。学校も始まりますし、日本のように年末年始は大型連休とはいきません。日本とは逆で一足早くクリスマス前後が連休になっています。

カナダ人にとって、クリスマスは絶対に仕事を休みたいという時期。勤続年数が長くシニオリティの高い人は早々と、クリスマスに有給休暇をとります。必然的に、シニオリティの低いクルーはクリスマス返上で働くことになります。

余談ですが、7月1日はカナダの建国記念日で、国全体がお祝いムードに包まれます。この日を含めて連休になります（3連休くらい）。夏の一番いい時期で、イベントも多いことから、この前後もクルーが仕事を休みたがる時期となります。

そもそも冬がとても長いカナダでは、冬の間はハワイやカンクンのように暖かい場所へ乗務を希望するクルーが多いのですが、夏場は、限られたカナダの夏を楽しもうと、働く日数を減らすクルーもいたりするほどです。

クリスマスの時期は、基本的に有給休暇をとる以外に休む方法がないことから、この時期に増えるのがシックコール*。いわゆる病欠です。

本当に病気なのかどうかはさておき、明らかにシックコールの数が増えるので、会社もクリスマスの時期が近づくと、「過去にこんだけシックコールがあったで」というメールをクルーに送ってくることがあります。要するに、「あんたら、ほんまに病気じゃない限り、急に休まんといてや」というプレッシャーを与えてくるのですね。

＊シックコール
医療の支援を求める際に使用される緊急通報ボタンから由来。ここでは、自身の体調不良による休暇申請する電話の意。

会社にしてみれば、家族と過ごす一大イベントで利用者も多いクリスマスに、フライトアテンダントが足りないから飛行機が飛ばせない、という事態は絶対に避けたいですから、この時期は少しピリピリしています。私はクリスマスよりもお正月を大事にしたいので（やっぱりそこは日本人なんですわ）、クリスマスはむしろ稼ぎどきと考えています。

ちなみに、クリスマスは休みたがる人が多いのですが、その前後は打って変わって鬼のように働きます。クリスマスはプレゼントやパーティーにお金がかかりますし、クリスマス翌日は「ボクシングデー」*といって、冬のバーゲンが始まる日として有名です。購買力が高まる時期であり、実際に散財もするので、その分、前後で稼ごうというわけですね。

この時期は、普通に風邪を引きやすい時期でもありますが、本当に体調が悪くても休みにくい雰囲気ですし、シックコールで「ホンマに？」とあらぬ疑いをかけられるのもイヤなので、絶対に体調を崩すまいとややナーバスになってしまいます。

こまめに水やお茶を飲んだり、温かいお湯を入れたタンブラーの湯気を鼻や口元に近づけたりすることで、粘膜が乾燥しないように心がけています。ビタミンCの摂取も大切なので、ビタミンCのタブレットを水に溶かしたものを、フライト後などに飲んでいます。

風邪予防でクルーがよく活用するのがオレガノオイル*。殺菌作用が高く、舌に垂らすこ

＊ボクシングデー
12月26日は、主に英連邦諸国で祝われる休日。
＊オレガノオイル
オレガノ植物から抽出されたエッセンシャルオイルで、抗菌、抗ウイルス、抗炎症の特性を持ち、健康やウェルビーイングのサポートに用いられる。

とで免疫力が向上するといわれています。 めちゃくちゃマズいですけどね。

ステイ先のホテルでの乾燥対策も重要です。バスタオルをビッチャビチャに濡らしてかけておいたり、シャワーを浴びるときにバスルームのドアをあえて開けっぱなしにしたりして、部屋の湿度をできるだけ上げるようにします（ホテルによっては、湯気が原因で部屋の火災報知器が作動するため、バスルームのドアを開けたままシャワーを使用しないように注意書きされている場合もありますので、ご注意ください）。

もともと野菜はあまり食べないのですが、ステイ先での外食はさらに野菜がとりにくくなります。グリーンスムージーやグリーンジュースといったドリンク類なら、空港に行けば大抵お店があるので、まったくとらへんよりはマシやろ、ということで飲むようにしています。これだけで1食分くらいの値段……どないなっとんねん、とは毎回思いますけど。

冬場に限らず、食事に関しては多少節制したほうがよいと思ってはいるのですが、特にフライト後は疲れていますし、甘いものやジャンクフードが食べたくなります。乗務中はついついチョコに手が伸びてしまうのですよね。だからというわけではないのですが、「◯◯は絶対に食べへん」といったマイルールはありません。我慢することが一番ストレスになるので、食べたいものを食べて、自分を甘やかしています。

突然の過呼吸に悩まされた過去
実は私、パニック障害でした

これまで公表していなかったのですが、5年ほど前にパニック障害*に悩まされたことがあります。それは乗務中ではなく、乗客として飛行機に乗っていたときのことでした。

その日は深夜便でハワイから戻ってきた乗務明けで、朝に一度帰宅して、1〜2時間だけ仮眠をとった後、正午頃にドイツのフランクフルトへ飛ぶ予定でした。同行者はおらず、ブルガリアに住む友人に会いに行くためのひとり旅でした。

スタッフトラベルを利用して搭乗したのですが、そのフライトは満席。私は中央列のさらに真ん中の席に座らなければなりませんでした。しかも大柄な男性に挟まれて、ただでさえ身動きがとれないのに、冬場でダウンジャケットを着ていたため、余計に窮屈さを感じていました。そのような状況下で、過呼吸になったのです。

うまく呼吸ができず、「飛行機を降りなアカンかも」という不安が頭をよぎりましたが、しばらくすると症状は落ち着き、私は予定通りフランクフルトへ向かいました。

＊パニック障害
突然発生する強い不安や恐怖、身体的な症状（呼吸困難、心臓の激動、めまいなど）に襲われる病気。

飛行機に乗っていて過呼吸になるのは初めてのことでしたから、そのときは訳がわからず、「何やったんやろ?」と思っていましたが、それから割とすぐに、またもや過呼吸に。仕事に行く前日の夜、翌日の仕事が早朝からで4時には起きなければならなかったので、早く寝ようと思ってお風呂につかっていたときでした。

さほど間隔を空けずに、2度も同じような症状が出たため、「おかしい」と思って、すぐに病院へ行きました。そして、パニック障害と診断されたのです。

パニック障害は誰もがなり得るものです。お医者さんの話では、自律神経が乱れることによる脳内のセロトニン*というホルモン不足が原因とのことでした。

フライトアテンダントという職業は、気圧・気温の変動や、時差による体内時計の乱れによって、自律神経が乱れやすいというお話をしました。事実、**自律神経の乱れが原因の心身の不調に悩まされるクルーはとても多い**ものです。

おそらく私も日々の仕事のなかで、少しずつ自律神経のバランスを崩していたのではないかと思います。明らかな自覚症状がなかっただけで、何かしらの兆候は出ていたのかもしれません。寝不足や強いストレスのかかる状況下で、体がついに悲鳴を上げ、発作が出た可能性があります。パニック障害の発作は、例えば歯科で治療を受けているときなど、

＊セロトニン
脳内で分泌される神経伝達物質で、幸福感や情緒安定に関与し、睡眠、食欲、学習などに影響を与える。

身動きが取れないとか、「逃げられへん」と感じるシチュエーションで出やすいといわれているようなので、最初の発作の状況的にも説明がつきます。

パニック障害と診断された後は仕事を１カ月ちょっとお休みして、服薬をしながら様子を見ることになりました。１回発作が出ると「また出るんちゃうか」という不安やプレッシャーが強くなり、それが原因で発作が出ることがあるそうです。そのため、不安やプレッシャーを薬で抑えるようにしたところ、発作が起こることはなくなったので、乗務に復帰することにしました。不安はありましたが、幸いにもその後は発作が出ることもなく過ごせています。

正直にいうと、発作が出た後、飛行機に乗るのが怖くなった時期がありました。自分は**この仕事に向いていないのではないか、フライトアテンダントをやめようかと、本気で考えたこともあります。**

それでも、いまだに飛行機に乗り続けているのは、やっぱり仕事が楽しいからです。もともと飛行機が大好きで、この職業に就くことを志した私。フライトアテンダントの仕事は確かにしんどいですし、「つらいなぁ」と思う瞬間もたくさんあるのですが、どうしても嫌いにはなれませんでした。結局、休職している間に、また仕事がしたいと思えるようになりました。

昔から自分の体の異変には結構気づきやすく、私の祖母は何かあるとすぐ病院へ行っていたので、私もそれが習慣になっています。今はインターネットで簡単に調べられるので、このときもすぐに症状を調べて「パニック障害かも」と、精神科を受診しました。

北米では精神疾患に対しても割とオープンで、隠すことではないという認識です。症状があれば病院へも行きます。**フライトアテンダントの同僚にも、うつ病を経験した人はたくさんいますが、人に言えないこととか、恥ずかしいことだといった感覚はない**と感じています。

それに比べると、日本ではメンタルクリニックへかかることへの抵抗が強く、病気を周りに打ち明けづらい印象もあります。「うつ病やねん」「パニック発作が出てることあんねん」とは、言いづらいところがある気がします。そしてそれを聞かされたほうも、必要以上に気を使いすぎている部分があるのではないでしょうか。

けれども症状が悪化して、限界になってからようやく病院へかかるよりも、症状が軽いうちに解決したほうが絶対にいいと思います。私自身、2度目の発作が起きた後にすぐ病院へ行ったことで、早期に復帰できたのだと思います。

飛行機に乗るのが不安なときは遠慮せずフライトアテンダントに声を掛けてください

ＹｏｕＴｕｂｅを見てくださる方々からいつもたくさんのコメントをいただくのですが、目を通していると、思っていた以上にパニック障害や閉所恐怖症*で悩んでいる方が多いことを知りました。

発作が出るから飛行機には乗れないけれど、私の動画を見て海外に行った気になっている、というような声もあったため、飛行機が不安な方に向けて動画を上げたことがあったのですが、そのときは私自身がパニック障害だったことには一切触れませんでした。その一番の理由は、現役のフライトアテンダントとして働いているため、パニック障害だった人が飛行機で仕事をして大丈夫なのか、実は仕事に支障を来すことがあるのではないか、と思う方がいるかもしれないと思ったからです。また、ＹｏｕＴｕｂｅをご覧いただいている方に私自身のことでご心配をおかけしてしまうような動画を上げることに抵抗もあり、結局打ち明けることができませんでした。

＊閉所恐怖症
狭い場所や密閉された空間に入ることに強い不安や恐怖を持つ心理的な状態。

私自身は、当たり前ですが、パニック障害であることが悪いとは思っていません。そして、隠すことではないとも思っています。だからこそ今回、本を出版する機会をいただいたことで、ＹｏｕＴｕｂｅではお伝えしてこなかったことにも触れたいと思い、初めて自身のパニック障害についてお話しすることを決めました。

パニック障害を患う前から、そうした悩みを持つお客様に出会うことはよくありましたが、実際に経験してみて初めて、その恐怖や不安を理解することができました。例えば、私自身はうつ病になったことがなく、話を聞いたりテレビやインターネットで情報を得たりして「大変なんやな」と思うのですが、結局わかった気になっているだけのことも多く、やっぱりどこか他人事だったように思います。当事者の感覚を本当の意味で理解できていないため、「朝、どうしても仕事に行かれへん」と言われても、「そんなん、俺かて行きたくないときくらいあるよ」と思ってしまう自分がいました。

けれどもパニック発作を経験した今は、同じ悩みや不安を持つお客様に向き合い、自分なりに親身に寄り添うことができるようになったと感じています。

初めてパニック発作が出て「息ができひん」という経験をすると、皆さん最初は精神的なものではなく、「心臓に何か異常があるんちゃうか」と訴えてこられます。しかしながら、しばらく様子をうかがったり、症状が落ち着いてから話を聞いたりしていくと、自身の経験も踏まえて「もしかしたらパニック発作ちゃうかな」と気づくこともあります。

私もそうでしたが、飛行機で初めて発作が出たという方は結構いらっしゃいます。飛行機に乗るときは、旅行から帰ってくるときや乗り継ぎがあるときなど、疲労がたまっているシチュエーションが多いのではないかと思います。密閉された空間ですし、気圧の変化を伴うため、呼吸がしにくかったり血圧が低下したりするなど、トリガー*は多い環境ですからね。また、**信頼できる人と一緒だと、パニック発作は出にくい。ひとりで乗っているときのほうが発作は起こりやすい**といえます。

もし、苦しいとか息がうまくできないという乗客がいらして、それがパニック障害や閉所恐怖症によるものだとしたら、そばにいて声を掛けてあげることが大切です。パニック発作は長くても10分から30分ほどで治まることが多いですから、それまでは「どうしたん?」「大丈夫?」と話を聞き出そうとするのではなく、「大丈夫やで」と落ち着かせるような声を掛けるようにします。

発作が出ているときは、周りから変な人だと思われているのではないか、という意識がプレッシャーになりますし、恥ずかしい、バレないようにしないと、という葛藤もありま

＊トリガー
何かを引き起こす、始動させる、あるいは反応を引き起こす「きっかけ」のこと。

す。そんなときには、自分の身に起こっていることを理解してくれている人がいるというだけで安心するものです。今日初めて会った人でも、つらさを共感してくれる人がそばにいると落ち着ける。さらに「自分もなったことあるからわかるで」と同調してもらえると、私だったらすごくラクになりますし、安心です。

パニック障害の方や、閉所恐怖症、飛行機恐怖症*の方は、搭乗される際に、あらかじめフライトアテンダントに事情を伝えていただけるとよいと思います。

北米では自己申告されるお客様が多くいらっしゃいます。搭乗時に「私、飛行機がダメで」とか「今日は揺れますか？」と、不安があることを教えていただけるだけでも、私たちとしては目を配ることができますし、何か起こったときには対応もしやすくなります。何より、話しておくことでお客様の気持ちがラクになるのではないかと思います。

パニック障害や閉所恐怖症などによる発作は、我慢しやすい人に出やすいと思います。発作のような緊急時だけでなく、飛行機に乗っているときに、不安なことやちょっとおかしいなと思ったことがあれば、遠慮せずに、近くにいるフライトアテンダントに声を掛けてください。

＊飛行機恐怖症
飛行機に搭乗することや飛行中に恐怖や不安を感じ、パニック症状を引き起こす心理的な状態を指す。

留学1カ月目でポキンと折れた心
ストレスを解消してネガティブ思考を断ち切る

私はどちらかといえばあっけらかんとした性格なのですが、一方で、変にナーバスになってしまう部分も持ち合わせています。

カナダに留学してすぐの頃、私にとってショックなことが重なって、精神的にしんどくなったことがありました。若い夫婦と生まれたばかりの赤ちゃんの3人家族の下でホームステイを始めたのですが、とにかくビックリすることばかりで、すっかり自信喪失してしまったのです。

まず、食べ物が合わない。夕食が冷凍ピザだけだったり、カットしただけの野菜が出てきたりしました。

また、北米では夫婦と赤ちゃんは別々の部屋で寝るのですが、夫婦の部屋と赤ちゃんの部屋の間に私の部屋がありました。毎晩のように赤ちゃんが泣いていて、隣の部屋にいる私にはダイレクトに泣き声が聞こえてくるのですが、夫婦は私よりも部屋が離れているからか、なかなか様子を見に行く気配がなく、寝不足の毎日でした。

さらに、ほかの留学生の子はホームステイを始めてすぐに、家の合鍵を作ってもらっていたのですが、私は作ってもらえませんでした。拙い英語で「合鍵を作ってくれへん？」とお願いして、そのときは「オッケー、オッケー」と返ってきたのですが、約束は果たされませんでした。それから1週間ほどした頃、**学校から家に帰ると、玄関のドアがロックされていたことがありました。**車がなく、家族そろって外出していたようなのですが、合鍵のない私は家に入れないので、家族の帰りを待つしかありませんでした。

ガレージで家族の帰りを待っている間、「俺、何してんねやろ」という思いがどんどん大きくなっていきました。当時は言葉の壁も高く、コミュニケーションを取るのもひと苦労でしたし、食事のことにしても、合鍵のことにしても、自分が邪険に扱われているような気がしてなりませんでした。

同時期に留学した日本人の子から、ホストファミリーにどこかへ連れて行ってもらったとか、ごはんがおいしいといった話を聞くと、どうしても自分の置かれている環境と比べてしまい、ホームシックにも拍車がかかりました。何より、私ひとりを受け入れるのでさえ、てんやわんやの様子なのに、さらにもうひとり留学生を受け入れようとしていることを知ったときに、プツンと糸が切れました。「もう無理」と思った私は、ホームステイ先を変えてほしいと大学の留学生サポートの人にお願いすることにしました。

留学して1カ月くらいというのは、ちょうどホームシックになる時期と重なることもあって、普通は「日本を離れてホームシックになっている部分もあると思うし、もうちょっとそのままで様子見よ」と、なかなか変えてもらえません。短期間で変えるのは学校側も気まずいですし、現実問題として次のホストファミリーがなかなか見つからないこともあります。けれども、赤ちゃんの夜泣きで夜眠れないのはよくないということで、変えてもらうことができました。

気まずい状態で過ごすのを避けるために、学校からホストファミリーに連絡があったのは家を出る当日。最後の挨拶もそこそこに、私は次のホストファミリーのところへ移ったのでした。

次のホストファミリーは留学生の受け入れ経験が豊富な老夫婦で、そこには韓国とサウジアラビアからの留学生が既にホームステイをしていました。老夫婦は私の拙い英語にもしっかり耳を傾けてくれて、時には「こう言ったほうがいいよ」と教えてくれることもありました。北米の家庭料理でしたが、ごはんもおいしくて、韓国の辛ラーメンや日本の海苔などを常備してくれていました。イスラム教徒のサウジアラビア人の子には、ハラルフード*を用意していましたね。

ホームステイしていたのが私ひとりではなかったことも、気持ちを軽くしてくれたのはあると思います。特に韓国人の女の子は同じ語学学校で面識もあったので、一緒に登校したり、家でもよく話をしたりしていました。

環境の変化や新たな人間関係は、最初こそ新鮮で、刺激的で、楽しいと思うのですが、慣れてくると違う一面が見えてきて、疲労やストレスに襲われてしまうことがあると言われています。それも、もっと慣れてくると徐々に受け入れることができ、最終的に不安やストレスは消失するのだそうです。留学して間もない頃に、環境への適応には段階があることを知っていたなら、もう少し気持ちはラクだっただろうと思います。

ネガティブな思考に陥ったときには、ストレスを発散する場所が必要。私の場合は日本人同士で愚痴を言い合うのがストレス解消法でした。なかには「英語を習得するために、日本語はしゃべらない」という人もいますし、私もカナダにいながら日本人と遊び、日本語で話すことに葛藤がなかったとはいいません。けれども、その時間がなかったら、留学生活はもっとしんどかったでしょうし、今の私はいないと思います。

＊ハラルフード
イスラム教の戒律に合致した食品のこと。清浄で許可された食品や飲み物のみを指す。

(4)

統一せい!

留学したばかりの頃 英語力を試すため 某ファーストフード店へ
ポテトフライ プリーズ
ホワット!?
えっ? ぽ ポテトフライ プリーズ・・・
ホワット!?
なんで通じないの!?
発音が悪いのか?
ポティトフラァイ プリーズ・・・
ホワット!?
なんで!?
後で調べると「ポテトフライ」は和製英語で
英語では「フレンチフライ」だった
統一せい!!

作：せきの

第5章 ラブ&ピース編 自由へ飛び立つ翼

Ryucrewの五か条

五、人生ケセラセラ 〜なるようになる〜

何か始めるとき、最悪のケースを想像するよりも、「やってアカンかったら、その時また考えよ」精神。行き当たりばったりの生き方に聞こえますが、それくらい楽な気持ちで「死なへんかったら大丈夫」。

日本路線にも投入されているB787型機のエンジン前で
※停止中の飛行機でパイロットから安全であることを確認のうえ特別な許可を得て撮影しています

良かれと思った〝おもてなし〟ほぼほぼ伝わっていない説

海外生活も10年になる私ですが、相変わらず日本が大好きです。むしろ離れていることで、日本や日本人のよさを再確認することも多々あります。

例えば、欧米にはレディーファースト*の文化があります。ドアを開けて女性を先に通らせたり、車のドアを開けてあげたり、さりげなく車道側を歩いたり。相手が女性でなくても、紳士的に振る舞うことは、欧米人にとってはごく当たり前のことです。

一方で、いざというときには、意外に自己中心的な人が多いというイメージもあります。実際に経験した話なのですが、全席自由席の長距離バスで、席は全員分あるけれども、パーティーシーティング*といってどの席に座るのかは早い者順、ということがありました。すると、さっきまでバスのターミナルでドアを開けて、後ろの人を先に通してあげていた男性が、バスに乗るときには打って変わって我先にと乗り込み、自分の好きな席を取っていました(これは極端な例かもしれませんが)。

＊レディーファースト
紳士が女性に対して礼儀正しく、配慮深く振る舞うこと。女性を優先し、丁重に扱う慣習や行動。
＊パーティーシーティング
座席は指定されておらず、自分が気に入った空いている席に座っていく着席方法。

そういうシーンを目にするにつけ、**「こういう人は災害が発生したり、自分にとって損得が絡むようなことが起こったりしたときは、きっとジェントルマンの姿は鳴りを潜めるんやろな」**と思わずにはいられませんでした。

日本にはレディーファーストやジェントルマンといった概念は欧米ほどないかもしれません。そういう行動をとるのにはどこか恥ずかしさがあって、スマートにできない部分があると思います。やろうとすると〝ええかっこしい〟と思われることもあるでしょう。

けれども、いざというときにはモラルがすごく発揮されます。長蛇の列にも黙って並びますし、割り込むこともしません。こういうときこそ、子どもや女性を優先させることもします。災害大国の日本ですが、同じことが欧米で起こったとしたら、きっとカオスになるでしょう。表面的な優しさは行動に出さないけれども、根本に思いやりや真面目さを携えているのが日本人だと思います。

ただ、その優しさや思いやりがうまく発揮できないのが、日本人の特徴でもあると思います。おばあさんが重そうな荷物を持って歩いていたとします。欧米なら「おばあさんが困ってるわ。助けな」と躊躇することもなく手を差し伸べます。けれども私を含め多くの日本人は、「困ってそうやな」とは思うのですが、「でも、助けに行ったら『まだそんなに年とってへんわ！』って言われるかもしれへんしな」と、さらに一手先まで推測して、行動しないことがあると思うのです（日本人をひと括りにしてすみません。もちろんそんなことない人もたくさんいらっしゃるとは思います）。

電車やバスの優先席もそうです。欧米なら、自分がそうすべきだと思ったら必ず席を譲りますが、日本人は席を譲ってあげたいと思っても、「まだ若かったら、かえって失礼かな」「声を掛けても『結構です』って言われたら恥ずかしいしな」と葛藤するのです。相手のことに気を使いすぎるあまりの行動ではあるのですが、もったいないとも思います。

先を読みすぎるのは、よくない部分もあるかもしれませんが、相手の行動や言動を推し量って先回りするのもまた日本人の特徴であり、よさだと思います。おもてなしの精神は、まさにそうではないでしょうか。でも残念なことに、この**日本人が得意とする相手のことを思って先回りして段取りしたり、気を利かせて行った行動も、時として欧米人にはそれが理解されず、意図が伝わっていない**と思うことはよくあります。

勤務中に「同僚のクルーは次にこの業務に取りかかるはずやから、これが必要になるやろな」と予測して、必要なものをパッと差し出すとします。そうすると、日本人の場合は「この子、ようわかってるやん」と思うでしょうし、できる子だと認識してくれるのではないかと思います（もちろん、そう思われるためにやっているわけではなく、仕事を円滑に進めるための先読み行動ですが）。

一方でカナダで仕事していて同じようにしたところで、その先回りの気使いに気づいてくれるクルーは少ないかもしれません（もちろん気づいてくれたり、逆に先回りして私をサポートしてくれるクルーもいます。そういうクルーとは働く相性がすごくよく、一緒に仕事していて気持ちいいです）。

モラルに関連してくることでもありますが、明文化されていないけれども、昔から「こうするものだ」という暗黙の了解やしきたりがあるというのも、日本のよさのひとつだと思います。特に北米のような多民族国家は、民族で考え方やとらえ方が異なることもあるため、ルールに関してすべて明文化する必要があります。「常識的に考えたら、いちいち書く必要ないやん」と思うことも、細かく決められているのです。

外国の人にしてみれば、日本のしきたりや暗黙の了解は理解しがたく、とても難しいのではないかと思います。カナダ人のパートナーが初めて日本に来たときも、お酒の席で目上の人がどこに座るとか、お酒の注ぎ方など「日本ではこうすんねんで」と教えると、「どうして？　その理由は？」と聞かれることがよくありました。

性格や人間関係を見ながらうまく立ち回る八方美人の保身術

自分の意見、考え方をしっかりと主張するのが、私が感じる北米の人の特徴のひとつというお話をしました。納得のいかないこと、理不尽と感じたことに対しては、泣き寝入りをしたり、その場を適当にやり過ごしたりせず、素直に伝えます。そこは先輩も後輩も関係ありません。

また、言われたことの内容だけでなく言い方についても、高圧的な物言いをされたときには、「何でそんな言い方するん?」「その言い方、すっごい嫌やった」と素直に伝えます。話しぶりや態度を見て「なんで怒ってんの?」と真正面から切り込むこともあります。みんながそういうわけではありませんが、そういうところに言及することは、日本より圧倒的に多いと思います。日本のように空気を読んだり、細かい相手の感情をうかがうという文化があまりないので、そのほうがわかりやすいということもあるかもしれません。裏を返せば、お互いに必要以上に相手を深く察することをしないからこそ、伝えるべきことははっきり言わないといけないような気がしています。

そして、北米の人は簡単に謝らないとはいうものの、相手の言い分が納得できるものなら素直に謝ります。先輩が後輩に「さっきはごめん。言いすぎたわ」と言うことも。

いいなと思うのは、言い合いをしても後腐れがあまりないことです。人ですから好き嫌いはありますし、相性もありますが、冷戦状態*をいつまでも続けたり、裏でコソコソと陰口をたたくようなことは、あまりありません。お互いに意見を言い合って、その場で解決します。とりあえず「すみません」と言って、なあなあで終わらせることがありません。

ただ、強い性格のクルー同士だと、日本では考えられないくらいバッチバチにケンカして、フライト中はお互いまったくしゃべらない、みたいなときもあるので、私はその様子を見ていつもヒヤヒヤするのですが。

日本では、理不尽に怒られてもグッとこらえ、「私がこんなんやからダメなんだ」と自分を責めて、メンタルに影響を及ぼしてしまう人も多いのではないかと思います。それに比べると、北米の場合は**最終的には自分が大事で、自分をしっかり持てているというのは、いいところ**だなと思いますね。

安全面に関わるところは絶対的なマニュアルがあるのですが、サービスの方法やお客様

＊冷戦状態
第二次世界大戦後の1945年頃から1991年のソビエト連邦の崩壊まで、アメリカ合衆国とソビエト連邦を中心とする東西両陣営の緊迫した対立関係を冷戦という。それに倣い、実際の戦闘や開戦はしていないが、対立や敵対関係が続く状態を指す。

へのアプローチの仕方などは、一応決まりはあるものの、クルーの個性が出るところでもあります。ちょっとしたところにオリジナリティを出してくるのです。

気の強いクルーが2人いると、自分のやり方を通そうとするのですが、埒《らち》があかないと「自分*、ほんまはどない思ってんねん」とか、「なんか言いたいことがあんねやったら、言いや」と、飛び火してくることも多々あります。

使用機材が大きいほど、乗務するクルーも多いのですが、例えば機内食を配布した後のゴミ回収にはいろいろとやり方があって、いつもあふれるほどのゴミが出るので試行錯誤します。そのやり方で、「こうやったら、すごいよかったで」「え、でも私はそのやり方でやってみたけどアカンかった」と揉めそうになっているときに、「あんたはどっちがええと思う？」と選ばされそうになるときがあるのです。私は、我を通して言い争いになるほうが面倒くさいので、普段からあまり主張はしないのですが、そうすると最後は言わない人に意見を求めてくる。それはそれで困ります。

そのときの対応は、相手のクルー次第。自分でいいと思っている方法があれば「私はこっちのほうがええんちゃうかなと思うよ」とやんわり伝えますが、性格の強いクルーのときには、「どうやろ……ほんならこっちでやってみる？」と同調することで、それ以上は

＊自分
関西弁における「自分」は、話し手自身と「相手」や「あなた」として相手を指す場合に使われる。例えば、親しみを込めて友人や家族などに対して使われることが一般的。

言い合いにならないことを重視します。でも、実はあまりいいと思わない方法なら、そのクルーが見ているところでは従いつつ、見ていないところでは自分のやりやすいようにすることもあります。私たちはいつも同じメンバーで乗務するわけではなく、毎便のように顔ぶれが変わります。長くても数日間だけ我慢すればいいと考えると、波風を立てないのが一番。状況を見ながら、その時々で自分の意見を変える八方美人さは、個性の強い仲間と働く上では、最強の保身術なのかもしれません。

いい人ぶるという点で言うと、カナダ以外の英語圏ではどうなのかわからないのですが、カナダ人の言い回しですごくいやらしいなと思うことがあります。例えばトイレ掃除のように、率先してやりたがる人がいないような仕事ってありますよね。自分はやりたくないから誰かにやってほしいとき、カナダでは「Do you want《ドゥユーウォント》 ~?」を使って、「え、トイレ掃除したい?」と言ってきます。こっちにしてみれば「は?　したいわけないやろ」という感じなのですが、「したくない」とは答えづらく、「ああ……まあ、別にええけど」となってしまいます。そして「ええよ」と言うと、「え、ホンマ?　ホンマにええの?」と何度も確認してきます。**暗に押しつけているだけなのですが、最後は善人ぶってくるので、入社した当時は、そう聞かれるたびにモヤモヤする自分がいました。**

バンクーバー暮らしを決めた最大の理由は私よりも日本人らしいカナダ人パートナー

大学時代、1年間のカナダ留学の最後をバンクーバーで過ごしていたときに、共通の友人を介して、現在のカナダ人のパートナーと出逢いました。3歳上の彼の第一印象は、**「こんなに物静かなカナダ人がいてるんや」**。そうそう、〝彼〟という表現でお気づきになった方もいらっしゃるでしょうが、パートナーは男性です。

それまでに私が出会ったカナダ人は、どちらかというと一方的に自分の話をする人ばかりでした。興味のない話が始まったと思うと、2人で話しているのにいきなり携帯電話で違う誰かと話し始めるような人もいました（これまた極端な例かもしれませんが……）。

パートナーはカナダの田舎で生まれ、よくある白人家庭で育ったのですが、あまり口数が多くなく、よく気がつくし、空気もめちゃくちゃ読みます（読みすぎやで？ってくらいに。笑）。私の話もちゃんと聞いてくれて、共通の友達も認めるほど、日本人より日本人的です。唯一、やっぱりカナダ人なんだなと感じるのは、クリスマスの時期になると気合いが入るところでしょうか。

パートナーのお母さんはブリティッシュ系で、スコットランド*にルーツを持っています。子どもの頃に家族でカナダへ渡ってきたそうで、パートナーは移民二世。そのためか、お母さんも一般的な北米人のイメージはなく、物腰が柔らかく物静かで、繊細な女性です。

永住権をとってカナダで暮らすようになってから、同僚に「あなたの英語はわかりにくい」と意地悪なことを言われたり、アジア人差別を経験したりして、すごく落ち込むこともあったのですが、そのようななかでパートナーや彼のお母さんの存在は、私にとって本当に救いでした。**つらい経験をしたことで「白人は……」と思ってしまいそうになることもありましたが、パートナー家族と接していると、「みんながみんな、そうじゃないねんな」と当たり前のことに気づくことができ、勇気をもらえます。**たとえ国籍は違っても、私にとっては一番の味方。むしろ、今となっては、2人が違う国の人という感覚がありません。パートナーの顔を見たときにふと「そっか。外国人やったわ」と思うことが、年に何度かはありますが（笑）。

そんな性格のパートナーなので、以前日本で1年ほど一緒に暮らしたこともありましたが、日本がとても合っているようです。今も、日本に一緒に来ると「関西国際空港に着い

＊スコットランド
英国の一部で、美しい自然や歴史的な建造物が豊富。バグパイプやキルトなど独自の文化や伝統を持ち、エディンバラやグラスゴーなどの都市が知られる。

たときが一番ホッとする」と言います。多民族国家のカナダはさまざまな文化が混ざっていて、見た目も文化もバラバラで、ある意味統一感がないのが魅力ですが、島国の日本は独自の文化があって、カナダにはない独特な一体感があるのではないかと思います。

パートナーは国家公務員として働いています。基本的には残業もないですし、真面目なのでまっすぐ家に帰ってきます。

コミュニケーションは英語です。ただし私は、怒ったら関西弁になります。英語で言って意味が変に伝わるとケンカになりますし、関西弁なら、何を言っているかわからないだろう、と。バーッとまくし立てたらスッキリしますしね。でも、何に怒っているのかは大体わかりますし、関西弁はまくし立てるとついつい巻き舌になるので、彼からは「アール(R)の音やめて」と言われます。

性格は、一言でいえば正反対。パートナーは内向的なタイプで、私は外向的なタイプです。YouTubeを見てくださっている方ならご存じの通り、口から先に生まれた私は、ずっとしゃべったり歌ったりしています。そんな調子で、車で旅行に出かけても、横でずっと口を動かしているのですが、彼はもうこれをかれこれ10年以上耐えてきているので、今更きっと何も感じていないと思います。度が過ぎると「うるさい」と言われますが、生活音の一部くらいにしか思っていないので、いちいち反応もしません。無です、無。

昔、一緒に日本の私の実家に滞在したとき、帰国する日に2人して寝坊してしまったことがありました。オカンにお願いして、空港までのリムジンバス*が出ている駅まで車で送ってもらったのですが、バス停とチケットを買うコンビニが離れていて。出発までは5分くらいあったので大丈夫とは思ったのですが、私はパートナーに「俺の分の荷物も持ってバス停に先行っといて。ほんで係員のおっちゃんにジェスチャーでも、簡単な英語でもいいから『もうひとり、今チケット買うてるから、ちょっと待ってな』って伝えて」と言って、バス停にひとりで向かわせました。私はバスのチケットを買って、急いでコンビニを出たのですが、店の前のさっきと同じ場所にスーツケースを2個持ったままのパートナーが立っていました。「何してんの？」と聞くと、「だって、なんて伝えたらええか、わからへんねんもん」とポツリ。どんだけシャイやねん！小柄な大阪人が身長180cm超えの外国人にブチギレるという奇妙な光景に、周囲の人も興味津々でした。

本当にシャイでおとなしい。でも、だからこそ今の関係があると思います。まさか自分が、カナダ人とコモンローパートナーになるとは夢にも思っていませんでしたから。彼と出逢っていなければ、カナダで暮らすこともなかったでしょう。

＊リムジンバス
主要な空港と都市を結ぶ専用バスで、旅客の便宜を図る。定期運行し、頻繁に出発することが一般的で、荷物の運搬や快適な乗車を提供する。

時にやんちゃ、時にジェントルマン 我が家のアイドル・ゆず

私のYouTubeでも、お目当てにしてくださっている方が意外に多い、我が家のアイドルが愛犬のゆずです。

ゆずと名づけたのは、私とパートナーが果物の柚子が好きだったから。和風な名前にしたかったのもあります。よく聞かれますが、羽生結弦*さんとは無関係です。子どもの頃から柴犬が大好きで、いつかワンちゃんを飼うなら、柴犬がいいと思っていました。もしそれが無理でも、家族として迎え入れるなら、絶対に日本の犬種がよかったんです。パートナーは、最初は別の犬種を希望していたのですが、いざ迎えるとなったときにブリーダーのサイトで柴犬の写真を見ていたら、いつの間にかその魅力のトリコになったようで、彼も柴犬がいいと言うように。最終的には満場一致で柴犬をお迎えすることになりました。

ちなみにゆずは、アメリカのブリーダーさんから購入した、アメリカ生まれの日本犬。さらにはカナダ育ちという、生粋のインターナショナルドッグです。誰に似たのかとても

＊羽生結弦
日本のフィギュアスケート選手であり、世界選手権やオリンピックで複数の金メダルを獲得した。2022年7月19日にプロ転向を表明。圧倒的な演技力で世界中のファンを魅了する。

おとなしく、なかなか吠えることもありません。唯一吠えるのは、配達員が郵便物を届けに来たときだけです。なんでなん？

カナダのペットショップは、ペットそのものは販売していません。無駄な繁殖や不適切な飼育を防ぐため、法律で禁止されています。ペットショップで販売しているのは、ペット用品やペットフードのみ。ペットを飼うときには、ブリーダーから購入するか、保護施設から迎えるのが一般的です。

かたや日本では、今も犬や猫を扱っているペットショップが存在しています。**カナダを含め、ペットショップで生体販売を禁止している国の人たちは、実はその光景を少し複雑に見ているかと思います。**

ゆずを家族として迎えたのは9年前ですが、当時のバンクーバーでは、柴犬はとても珍しい存在でした。散歩をしていても、よく声を掛けられたものでした。けれどもその後、バンクーバーに柴犬ブームが押し寄せ、今はあちこちで柴犬を見かけるようになっています。そのせいか、声を掛けられることもめっきり減りました。パートナーの実家がある田舎のほうへ行くと、やはりまだ柴犬は珍しいようでいまだに声を掛けてくれる人もいます。

カナダではペットを飼う人が多く、飼育可のマンションがとても多いです。むしろペット不可のほうが少ないかもしれません。ペットを飼うからといって、家賃が割高になることもないですね。街なかのお店などでも、ペットの同伴をOKとしているお店がたくさんあります。ショッピングモール内で普通に犬が歩いている光景にもよく遭遇します。

ゆずは私がフライトに向けて荷物をパッキングしていると、退屈そうな、寂しそうな表情をしてくれます。**キャリーケースを見ると「自分、そろそろ発つんや……」と察するみたい**です。長いときは数日間会えなくなるので、私も自宅を出るときは後ろ髪を引かれる思いですが、その分、帰ってきたときの喜びはひとしお。家に帰ればゆずがいるというのが、私にとって仕事を頑張れるモチベーションかもしれません。

カナダには野生動物もたくさん生息しています。リスもそうですし、私が住んでいるのはバンクーバー国際空港からも近いのですが、ウサギが大繁殖しています。おそらく誰かが、飼っていたウサギを逃がしたのだと思います。住民にとっては珍しくもなんともないので、リスやウサギの写真を撮っている人を見かけると「よそから来てる人やな。旅行者かいな」とすぐにわかります。

リスに関しては、もともとカナダにいた原産のリスに比べ、台湾リスが増えています。これもまた、誰かの手によって持ち込まれたのではないかと思います。原産リスはディズ

＊チップ＆デール
ウォルト・ディズニー社が制作した２匹のチップマンクスを描いた人気キャラクター。

ニーのキャラクターのチップ＆デール*みたいで本当にかわいいのですが、台湾リスは人間を威嚇してきますし、身体もデカくてちょっと感じの悪いヤツです。私たちが想像するようなかわいいリスとはちょっと違うかもしれません（笑）。

あとは、アライグマも結構出没しますが、やはり注意が必要な動物です。我が家の裏手にちょっとした池があって、そこで金魚を飼っていたのですが、アライグマに全滅させられました。ワンちゃんが被害に遭うこともあるみたいです。

そのほかに、バンクーバーに昔からいるのが、野生のコヨーテ*です。イヌ科なのですが、オオカミに近く、夜になると鳴き声が聞こえることもあります。夜行性で、たまに街なかの公園に出没して人間を襲い、時々ニュースにもなっています。空港島にも住み着いていて、滑走路の柵の向こうでウロウロしているのを機内から見つけたこともあります。

また日本でも「動物注意」の道路標識を見かけますが、カナダにも色々な動物の標識があります。その中でもよく見かけるのはムース*という動物です。ムースは大きいものだと子ゾウくらいあるのではないかと思うほどで、稀に山間部を走る高速道路などに出没したりするそうです。

＊コヨーテ
北アメリカに生息するイヌ科の動物で、灰色や茶色の毛皮が特徴。夜行性で、草食動物を主に捕食するが、ごみや動物の死骸なども食べる。
＊ムース
日本でいうヘラジカ。大きな角とずんぐりした体が特徴。草食性で、森林や湿地帯に生息し、カリブーと並んで北アメリカの象徴的な動物のひとつとされている。

空前の土地バブルの恩恵でマイホームをGET
唯一のネックは、日本とはほど遠い入浴環境

パートナーが暮らしているマンションに転がり込む形で、本格的なカナダ生活が始まった私ですが、ゆずを迎え、マンションが手狭になってきたこともあり、現在の家に引っ越しました。バンクーバー国際空港が近く、自然の多いエリアです。

タウンハウス*と呼ばれる集合住宅なのですが、隣の棟とつながっている以外はほぼ一軒家で、それぞれ住所や玄関が異なります。2階建てで家の前と後ろには、庭のようなスペースもあります。日本に比べると広いと思いますが、カナダではそんなに広い家ではないですね。1階にはキッチンとリビングダイニング、ユーティリティールーム*が、2階にはベッドルームが3つとバス・トイレ。トイレは1階にもあります。

当時はパートナーも私もまだ20代でしたが、自宅は賃貸ではなく購入しました。パートナーが堅実に貯金をしていたのももちろんありますが、ちょうどバンクーバーが土地バブル*の最中にあったのも、購入に至った理由のひとつです。以前からバンクーバーに住んで

＊タウンハウス
都市部に密集した住宅地域に建てられた、複数階建ての狭小な住宅。通常、複数の住居が連なり、同じ外観や構造を持つ。
＊ユーティリティールーム
家庭内で洗濯機、乾燥機、掃除用具などを収納・使用するための多目的な部屋。家事や収納に便利。

いた人たちが土地バブルによって、まとまったお金を手に入れたのです。

もともとバンクーバーのあるブリティッシュコロンビア州の田舎町・ペンティクトンで暮らしていたパートナー一家は、彼が高校生の頃にバンクーバーへ引っ越してきました。当時はバンクーバー近郊でも今よりはるかに安価で一軒家を買えたそうです。それが、6～7年ほど前に土地バブルが到来したことで、購入した家は何十倍もの価格で売れたと聞きました。パートナーのお父さんは既に亡くなられているので、家を売ったお金をお母さんとお姉さん、パートナーで3分割したのですが、それでもビックリするくらいの額だったようです。そして、お母さんはもともと暮らしていた田舎へ戻り、お姉さんは結婚されているので家族と一緒に暮らし、私たちはそのお金を住宅資金に充てたのでした。

ちなみに土地バブルの影響で、一度家を売ってしまうと、バンクーバー市内では購入したときの値段で同じサイズのものは買えません。そのため、家を売った人は大抵、郊外や田舎へ移り住み、バンクーバーには高額な家を買える人、すなわち最近ではお金持ちの移民の人が多く暮らしています。私たちが購入したタウンハウスも、売却したパートナーの実家に比べると、かなりサイズダウンしています。

そのため、軒数は少なくなってきましたが、土地を売ることなく暮らし続けている人の

＊土地バブル
投資家の過剰な参入や土地価格の過剰評価などが原因で需要と供給のバランスが崩れ、土地の価格が急激に上昇すること。

家と、最近になって土地を購入して建てられた家の雰囲気は、まったく異なるのですぐにわかります。ごく一般的な平屋と、敷地いっぱいに建てられた扉の大きな豪邸が並んでいる光景は、見ていると面白いものです。また、バンクーバーで暮らす富裕層が増えたことで、車にしても、高級車のモーターショーかと思うような車種ばかり走っています。

これから初めてバンクーバーへ来る人がいたら、きっと驚くと思います。バンクーバー国際空港は、リッチモンドという都市にありますが、中華系移民が最も多く、もしかすると7割くらいが中華系ではないでしょうか。漢字表記がたくさん並んでいますし、街の中で聞こえてくるのは英語ではなく中国語や広東語。ですから一瞬、「ここはカナダ？　私らは一体どこへ来たん？」という錯覚に陥ると思います。

ちなみに、カナダでは家を買うときに、基本はインターネットで情報を収集するのですが、実際に不動産取引を行うときには、リアルター*と呼ばれる人を通します。日本でいうと宅地建物取引士でしょうか。モデルハウスの内覧へ行って購入したいと思ったら、その物件のリアルターを探して交渉してもらいます。リアルターは買い手側が有利になるように値段や条件を交渉してくれます。

カナダの家に不満があるとしたら、やっぱりお風呂。

日本のお風呂が恋しいです。バス

＊リアルター
公認不動産業者。不動産取引における仲介業者で、売買や賃貸、管理など不動産に関するサービスを提供する専門家。

ルームにバスタブはついていますが、そもそもお風呂にゆっくりつかる文化がなく、バスタブとトイレが同じ空間にあって、それらの間はシャワーカーテンで仕切られているだけです。その代わりではないですが、マンションでもタウンハウスでも居住者共有のジムやプールがついていることが多く、使用料は共益費に含まれています。プールの横には大抵ジャグジーがあるので、それはよく利用していますね。

それに、カナダの一軒家やタウンハウスの多くでは、日本のような瞬間湯沸かし器ではなくタンクにたまったお湯を使います。使い続けるとタンクのお湯は底をつき、もう一度温まるまでは水しか出ません。しかも我が家のようにタンクが小さいと、すぐにお湯がなくなります。我が家のタンクは小さく、オカンが遊びにきて、3人が交代でシャワーを浴びようとすると、3人目はもれなく水シャワーということになります。

フライトアテンダントは体力勝負！お気に入りの休息法

最近、フライトアテンダントの仕事をしていて思うことがあります。それは体力的にしんどくなってきたということ。これでもまだアラサーの私ですから、本当ならばこんな弱音を吐いている場合ではありません。まだまだ現役、というよりむしろ若手の部類です。うちの会社には私より年上のベテランクルーがたくさん所属しており、現役バリバリで頑張っていますからね。大先輩に叱られます。

北米の航空会社の多くは、定年を設けていません。**２０２２年に世界最長のキャリアを持つフライトアテンダントとしてギネス記録に認定された方は、なんと86歳！** 体力に問題がなく、年1回の乗務員資格更新訓練を受けてパスできる限りは、何歳になっても続けられる素晴らしい職業なのです。

とはいいながらも現実は、アラサーにして体力への不安を抱えている私。この仕事をはじめてから、どんなに寝ても眠たいときと、ものすごく疲れているのに寝ようと思っても寝られない不眠のサイクルがあります。

疲れているのに眠れないサイクルにあるときは、正直かなりしんどいです。反対に、いくらでも眠れるサイクルのときは、しんどさはないものの、予定があるのに寝坊してしまうことがあるなど、それはそれで私生活に支障を来すことがまああります。ちなみに、仕事で寝坊したことはありません（当たり前や）。

しんどさの度合いは、フライトスケジュールによる部分もあります。**長距離路線や深夜便があると時差の問題もありますし、昼夜逆転の生活リズムとなって、体内時計は狂い放題。余計に体力を使うことにもなります。**

それは私に限った話ではなく、みんなも一緒ですし、フライトアテンダントが体力勝負の世界であることもわかり切っていたことなのですが、先ほどお話しした睡眠サイクルの影響もあって、時差の調整がうまくできないと体が悲鳴を上げます。時差ボケの影響で毎日朝4時頃に起きたり、一度目が覚めると今度はなかなか寝つけなかったり、そのせいで変な時間に寝たり……。

結局いいサイクルを取り戻せないまま、次のフライトに出なければならないこともあります。しかも、バンクーバーから東方に飛んで時差を持ち帰り、それを解消しないまま今度は西方に飛ぶ、というスケジュールだと、体は確実に混乱します。フライトアテンダントの仕事を始めて10年になりますが、いまだに自分自身のコンディションを万全にするためにはどうすればいいか、悩む日々です。

それでも子どもの頃からやりたかった仕事ですし、しんどいことやつらいことがあっても仕事自体はめちゃくちゃ楽しい。コロナ禍でのレイオフ期間を思えば、空を飛べていることに感謝しかありません。

皆さんは、なかなか眠れないときにはどうされていますか？　体は本当にしんどくて動かないのに、頭だけは妙に冴えまくってフル回転しているようなとき、ありますよね。

フライトアテンダントは乗務中に、クルーレストといって横になれる時間があります。例えば、カナダから成田までは10時間程度のフライトです。その場合、お客様の搭乗率やフライト時の忙しさ、キャビンマネージャーの匙《さじ》加減にもよりますが、平均して2時間ほどは横になって休める時間があります。

けれども実際には、機内で2時間も眠れません。「2時間たったら起きなアカン」というプレッシャーがありますし、2時間後にはまた仕事を再開しなければならないと思うと、完全に休める状況でもなく、そういう心境でもないからです。

もちろん、なかにはガッツリ爆睡して、2時間したらスパッと起きていつもと同じように仕事をするフライトアテンダントもいます。でも、私はその切り替えがヘタなので、「心おきなく寝てええで」と2時間もらっても、うまく眠れないのです。睡眠を助けるメラトニン含有*のサプリメントもありますが、クルーレストの後も眠気が強いと大変なので、仕事中は飲めません。

けれども、うまく休息をとることができないと、疲労はたまっていく一方ですし、仕事のパフォーマンスにも影響を及ぼします。**これではダメだと試行錯誤した結果、最近になって「これなら寝れるな」と思ったのが、「蒸気でホットアイマスク」。**日本に帰るたびに買うのですが、これを着用して、イヤホンで大好きな日本の音楽を大きめの音量で聴くことです。

「大きい音で音楽って、寝られへんのんちゃうん?」と思われるかもしれません。ところが、飛行中の機内はエンジン音がうるさいので、耳栓代わりに、それが少し和らぐくらいの音量で音楽を聴くのです。

この方法にたどり着いてからというもの、なんとなく調子がいいと感じるようになりました。まだまだフライトアテンダントの仕事を続けられそうです！

＊メラトニン
体内で分泌されるホルモンで、睡眠リズムの調整や体内時計の制御に関与し、睡眠の質を改善するのに役立つ。

どんなときも味方でいてくれる最高のオカン、いつもありがとう

母ひとり、子ひとりの母子家庭で育った私ですが、放任主義で、私のやりたいことは何でも背中を押してくれたオカンのおかげで、今、好きな仕事ができています。面と向かって伝えることはあまりありませんが、オカンには本当に感謝してもしきれません。

ちなみに、両親は私が小さい頃に離婚していたこともあり、父親の記憶はほぼありません。ただ、私の伯母が、大阪で昔からスナックを営んでいて、父親がたまにお店へ顔を出していたようです。そのことはオカンも私もずっと知らなかったのですが、3〜4年ほど前に、伯母のお店に一緒に来ていた父親の友達がフラリとやって来て、父親が亡くなったことを教えてくれたのだと伯母から聞かされました。そのときも「へえ、そうなんや」というくらいで、特に何も思わない自分がいました。

父親のことは、怒っても恨んでもいませんが、かといって会いたいと思ったこともありません。そのくらい、オカンがすべてにおいて私を支えてくれました。むしろ、私自身の

セクシャリティのことなど、父親がいたら言いにくいことや面倒なこともあったかもしれないと思うと、父親がいなくてよかったと思うことも多いというのが本音です。

大学時代のカナダ留学の費用も、一部は奨学金を使いましたが、オカンが保育士の仕事でコツコツ貯めていた貯金をポンと出してくれました。それがうれしくもありながら、申し訳なさもあり、留学中はもともとケチな私ですが、さらにドケチ生活を送っていました。でも、節約することが好きなので、それがつらいわけではなかったです。

レストランへ行っても、選ぶのは一番食べたいものではなく、一番安そうなもの。それで失敗もたくさんしました。カフェで一番安い値段の飲み物を頼んだら、エスプレッソショット*だったり(私はコーヒーが飲めません)。どんな食べ物なのかよくわからないけれど、一番安そうだと思って頼んだら、本当にちょびっとしかないような前菜だったり。

ご褒美は月1回のスターバックス(スタバは好きやけど、コーヒーは飲めません。大事なことなので2回言いました)。大学があった田舎町にも、1軒だけスタバがあったんです。実際にはバスを2回も乗り継がないとダメなのですが、とにかく、大学から一番近いスタバに行くのが楽しみで楽しみで仕方ありませんでした。

あと、日本食の食べ放題のお店があって、お昼時でも少し遅めの時間に行くと、アイド

*エスプレッソショット
非常に濃縮されたコーヒー。1ショット分の量を小さいカップに注ぐスタイル。

ルタイム*は2000円くらいで日本食を食べることができました。学生時代の私にとっては、この上なく贅沢な時間でしたね。

子どもの頃から女手ひとつで育ててくれたオカンには、迷惑や心配をかけっぱなしだったと思います。いつか親孝行したいと思っていたなかで、私の勤務する航空会社が日本路線に就航し、仕事で日本とカナダを往復する機会ができました。それからまもなくして、自分が乗務する成田路線のフライトに、オカンを乗せることができました。そのときに初めて、「ようやくちょっとだけ恩返しできたかな」と思えました。母親に働く姿を見せるのは、もちろん多少は恥ずかしさもありましたが、フライトアテンダントという仕事だから仕事ぶりを見てもらえるのもありますし、見てもらいたいという思いのほうが強かったですね。また、私が働く姿を見て、オカンも「頑張ってるやん。大学まで行かせて、カナダにも留学させて、よかったな」と思ってくれていたらいいなと思います。

オカンはフライト中、ずっと私の写真を撮っていました。シャッター音がカシャカシャうるさいので、オカンの隣に座っていた若いカナダ人カップルもさすがに気づきましたね。私がオカンの座っている列のサービスをしている際に、そのカップルに「うるさくてごめんな。うちのオカンやねん。今日、息子（私のこと）が働く飛行機に初めて乗ったからテ

＊アイドルタイム
閑散時間帯。次のピーク時に備えて準備を整えるための時間。

ンション上がってんねん」と話しかけると、「めっちゃ素敵やん。一緒に写真撮ろうや」ととてもフレンドリーに接してくれて、乗務中の私とオカンの2ショットを撮ってくれました。うれしかったです。一緒に乗務していたクルーもとても歓迎してくれて、クルー仲間とも一緒に写真を撮ったりしました。

実は、**カナダの航空会社で働こうと決めたときに、いつかやりたいと思っていたことがありました。ひとつは、いろいろなところへ行ってみること。もうひとつは日本とカナダを結ぶ路線のある会社で働くこと。そして、自分が働く飛行機にオカンを乗せることです。**それらがすべて実現したことで、仕事でやりたいと思ったことは達成されました。「やり残したことはないかもしれへん」という気持ちになり、「これでいつ辞めても悔いはないな」と、ちょっとだけ思いましたね。

そんなオカンも、2024年に定年を迎えます。これまで忙しく働いてきたオカンなので、仕事を辞めたら急にやることがなくなって、元気がなくなったり、ボケるようなことがあったりしたらどうしようという心配は正直あります。大阪には伯母もいるので大丈夫だとは思いますが、できれば近くに、いつでも会える距離にいたいというのが今の率直な思い。定年を迎えたら、しばらくカナダに遊びに来てもらうのもいいかなと考えています。

あれこれ考えすぎてしまったら祖母の教え〝ケセラセラ〟を思い出す

最後に少しだけ、これからの話を。

フライトアテンダントになって10年になりますが、いまだにこの仕事が大好きで、飽きることがありません。時にはイヤなこと、つらいこともありますが、飛行機に乗って仲間と働くのはとても楽しいですし、お客様に寄り添ったサービスができ、さらに感謝の言葉をいただけたときには、いつも以上に充実感を得ることができます。

自分で言うのもおこがましいのですが、口から先に産まれたというくらいしゃべるのが好きで、大雑把な性格ですが、変なところに繊細で真面目な部分がある私にとって、たくさんの人と関わり合う今の職業は、自分に向いていると自信をもって言えます。

それに以前もお話ししましたが、周りには私よりも年上のベテランクルーがまだまだたくさんいます。私はようやく中堅と呼ばれるところに片足を突っ込んだところ。パワフルな仲間たちに刺激を受けながら、今しばらくは空の上で働こうと思っています。

けれども、やっぱり日本が大好きな私なので、日本へ本格的に帰国することも考えています。定年を迎えたオカンをひとりにしておくのは心配というのもありますからね。もし日本に帰るとしたら、パートナーも（もちろんゆずも）一緒に帰ることになると思います。彼も関西国際空港に降り立つとホッとするくらいの日本好きなので、日本に行きたいという思いはあるようです。仕事についてはいろいろと話していますが、以前のようにいったん休職して、日本に滞在しながら考えるのもいいのではないかと思っています。

フライトアテンダントという仕事も大好きですが、もし日本に戻ることになったら、また新たな挑戦ができればいいな、と考えたりもしています。日本生まれの日本育ちの私が、カナダという文化も言葉も違う国に住んで感じた日本の素晴らしさ、日本にいるときにはなかなか気づかなかった日本の美しい場所、文化、習慣。そしてカナダで得た「自分らしく生きる」という考え方を、まずは日本のなかに、そしていずれは世界に向けて、いろいろな形で発信していけるようなことができればと、今は未来のことをあれこれと妄想してワクワクしています。そしてそれこそが、お世話になった2つの国への恩返しにもなるのではないかと思っています。

人間は想像する生き物です。いいことばかりだけでなく、最悪の事態を想定することもありますが、時に私たちの想像をはるかに超えることが起こります。コロナ禍はまさにその最たる例でしょう。世界中が未知のウイルスによって恐怖に陥れられました。そのウイルスのせいで、命を落とされた方もいらっしゃいました。国境を越えることができないばかりか、同じ国なのに、自分の暮らす州や都道府県の外へ出られなくなるなんて、ましてや自宅から1歩でも外に出ることをためらう日がくるなんて、誰が想像したでしょうか。

航空業界では、私も含めて多くの従業員が休業を余儀なくされました。「お金を貯めたら、数年後には留学するつもり」とか、「来年にはこうしたいと思っているんだ」などと、近い将来を楽しそうに語っていた私の友人たちも、結局それどころではなくなり、予定を変更せざるを得ない状況に立たされました。

一方で、コロナ禍を経験したから生まれたものもあったと感じています。私にとってはYouTubeやUber Eatsがそう。レイオフされなければ始めることはなかったでしょうし、YouTubeを通してたくさんの人たちと交流することもなかったはずです。皆さんのなかにもコロナ禍が、やりたいと思いながらやれていなかったことにトライするきっかけになった方はいらっしゃるのではないかと思います。

また、コロナ禍になる前のことですが、オカンとパートナーと3人で沖縄旅行へ行ったことがありました。夕方に到着したため、首里城*へ行くかどうか悩んだのですが、「せっかく来たんやし、見に行こうや」と、長時間の移動で疲れた足を引きずりながら観光しました。その旅行を終えた10日後くらいに、首里城は火災で全焼。ニュースを見て衝撃を受けたことを、今も覚えています。でも、そういうことって本当にあるのですよね。

そうした経験を経て、私は「なんでもやってみたらええねん」という心境に至りました。当時は置かれた環境がそのきっかけになりましたが、いつ何が起こるかわからないという教訓を活かすならば、やりたいと思ったときがそのときなのだと確信しています。

そのため**最近は、興味があることやワクワクすることがあったら迷わずにやります。人から「そんなんしても大丈夫なんか」と言われても、自分が楽しいと感じたらやる。極端かもしれませんが、「死なんかったらええか」というくらいに思っています**ね。

さまざまな不可抗力が起こるなかでも、決して腐ることなく、毎日を大切に生きていれば、必ず状況は好転していくと信じています。私の祖母がよく「ケセラセラや*」と言っていましたが、本当にその通り。人生は自分次第で、どうにでもしていくことができるのです。あれこれ考えすぎて、やる前からあきらめるのはもったいない。自分らしさを忘れず、思うままにその1歩を踏み出したいものです。

＊首里城
沖縄県那覇市に位置する、琉球文化を象徴する遺跡。2019年10月31日に火災で焼失し、2026年秋完成に向けて再建中。
＊ケセラセラ
スペイン語が語源の言葉で、英語表記は「Que sera sera」。何があっても気にせず、「なるようになる」という意味。

おわりに

最後まで本書をお読みいただき、ありがとうございます。

世界を恐怖に陥れた新型コロナウイルスの感染拡大をはじめ、現在も世界各地でさまざまな自然災害が起こっています。なかには、戦争や内戦が続く場所もあります。

私自身、コロナ禍には約1年半のレイオフを経験し、その間は飛行機に乗ることができませんでした。やりたくてもできないという環境に立たされたことがきっかけとなり、それ以降は時間に余裕があったり、自分のなかでどうにかやりくりすればできたりするのなら、やりたいと思ったことは、とにかくやってみようと思うようになりました。会いたい人がいるのなら会いに行こう、行きたいところがあれば行こう、食べたいものがあれば食べに行こう、と。とても簡単なことのように思えるかもしれませんが、ほんのちょっと前にはそれができなかったことを、皆さんも実際に経験されたはずです。

私にとっては、レイオフ期間に始めたＹｏｕＴｕｂｅも、そして、今回の書籍出版もそのひとつ。人生は一度きりですから、こんな貴重な経験をしないという選択肢はありませんでした。とはいえ、カナダの航空会社でフライトアテンダントとして働きながら、ＹｏｕＴｕｂｅチャンネルで投稿を続けている一般人の私が、本を出版することになるとは思ってもみませんでしたが。

ＹｏｕＴｕｂｅでは、いつも大阪弁でしゃべり倒しているからか、ありがたいことに「明るい人」「楽しそうな人」と言っていただけるのですが、そんな私にも当然、弱い部分やネガティブな部分があります。本書を出版するに当たって、ＹｏｕＴｕｂｅではお伝えしてこなかった、自身が悩まされた病気のことについても書かせていただきました。最後の最後まで悩みましたが、同じ悩みを抱えている方が思っていた以上にたくさんいらっしゃることを知り、覚悟を決めました。私の経験がちょっとでも救いになれば、そしてこれまでためらっていた1歩を踏み出すきっかけになれば、と思っています。

人生、いいこともあれば悪いこともあります。けれども立ち止まっていては、事態は何も変わりません。どんなときも行動あるのみ。自ら1歩を踏み出せば、いつか必ず好転していくと私は信じて、今日も空を飛んでいます。

最後に私にこうして書籍の出版という素晴らしいチャンスを色々なかたちで与えてくださった皆様に心から感謝いたします。本当に本当にありがとうございます。

2024年3月吉日　どこかの国の上空から　Ｒｙｕｃｒｅｗ

Ryucrew
（リュークルー）

1992年生まれ、大阪なにわ育ち、カナダのバンクーバーを拠点とする外資系エアラインの現役CA（キャビンアテンダント）。欠航が相次ぐコロナ禍のもと開設したYouTubeチャンネル【関西弁CA / Ryucrew】は、チャンネル登録23万人超(2024年2月時点)、人気動画「CAが教える！ホテルに入室したら、絶対チェックすべき８項目。」は172万回再生を突破。コテコテの関西弁と人間味のあるユーモアで、客室乗務員の仕事やカナダでの生活、旅のTipsを配信。日本テレビ系『マツコ会議』ほか、数々のメディアに出演。

YouTube　【関西弁CA / Ryucrew】
Instagram　@ryucrew_vancouver
X　@Ryucrew_MaleCA

国際線《こくさいせん》外資系《がいしけい》CA《しーえー》が伝《つた》えたい自由《じゆう》へ飛《と》び立《た》つ翼《つばさ》の育《そだ》て方《かた》
当機《とうき》は“自分《じぶん》らしい生《い》き方《かた》”へのノンストップ直行便《ちょっこうびん》です

2024年3月29日　初版発行
2024年6月15日　４版発行

著者／Ryucrew《リュークルー》
発行者／山下 直久
発行／株式会社KADOKAWA
〒102-8177　東京都千代田区富士見2-13-3
電話　0570-002-301（ナビダイヤル）

印刷所／TOPPAN株式会社

製本所／TOPPAN株式会社

●お問い合わせ
https://www.kadokawa.co.jp/（「お問い合わせ」へお進みください）
※内容によっては、お答えできない場合があります。
※サポートは日本国内のみとさせていただきます。
※Japanese text only

定価はカバーに表示してあります。

ISBN 978-4-04-606795-1 C0095